Darius Milhaud:
Em Pauta

Coleção Debates
Dirigida por J. Guinsburg

Equipe de realização – Tradução: Eduardo Seincman e Mônica Seincman; Revisão: Kiel Pimenta e Sílvia Cristina Dotta; Assessoria Editorial: Plinio Martins Filho; Produção: Ricardo W. Neves e Adriana Garcia.

claude rostand

DARIUS MILHAUD: EM PAUTA

EDITORA PERSPECTIVA

Título do original em francês
Darius Milhaud – Entretiens avec Claude Rostand

Copyright © Belfond 1992

ISBN 85-273-0112-1

Direitos reservados em língua portuguesa à
EDITORA PERSPECTIVA S. A.
Av. Brigadeiro Luís Antônio, 3025
01401-000 – São Paulo – SP – Brasil
Telefone: (011) 885-8388
Fax: (011) 885-6878
1997

SUMÁRIO

PREFÁCIO – *Claude Roy* 9
PREFÁCIO DA EDIÇÃO DE 1952 – *Claude Rostand* .. 15

Primeiro Encontro: Quem é Você, Darius Milhaud? . 19
Segundo Encontro: A Vocação 27
Terceiro Encontro: O Músico em Férias 35
Quarto Encontro: Gostos e Cores. I. 43
Quinto Encontro: Gostos e Cores. II. 51
Sexto Encontro: Gostos e Cores. III. 57
Sétimo Encontro: O Retrato do Pintor por Ele Mesmo 65
Oitavo Encontro: Seqüência do Retrato do Pintor por Ele Mesmo 73
Nono Encontro: Os Senhores Críticos 85
Décimo Encontro: Escândalos e Sucessos 93

Décimo Primeiro Encontro: Os Mistérios da Prosódia 99
Décimo Segundo Encontro: O Ponto de Vista do Fabricante 105
Décimo Terceiro Encontro: Convite à Viagem 115
Décimo Quarto Encontro: Schoenberg e o Dodecafonismo 121
Décimo Quinto Encontro: Em que Pensam os Jovens de Hoje? 129
Décimo Sexto Encontro: A Música de Cena 137
Décimo Sétimo Encontro: Israel 143
Décimo Oitavo Encontro: Amanhã... 151

PREFÁCIO

Nas casas situadas às margens de um rio, a fala da água corre ao longo do silêncio, do ruído, das palavras, dos rumores. Onde estivesse Darius Milhaud, no tumulto ou no silêncio, no encontro dos carrinhos de trombada do parque, à sua janela no primeiro andar em Pigalle, ou nos aviões em que (apesar da doença e de um sofrimento mudo) ele brincava "de pula-continente", na calma do Enclos, seu berço provençal, no vôo dos colibris californianos da casa de Oakland em que acolhia seus alunos – a música estava em todo lugar. Quer Darius se calasse, escutando um visitante, quer falasse, com este quase nada de sol de Aix nas frases, que nada mais era que uma *entonação* assim como o é um *perfume* a lembrança dos grãos de lavanda sobre as mãos que os enrolou e acariciou, a música sempre corria, murmurava, escorria, deslizava, música que ele capturava em uma mesa de bridge no bulevar de Clichy, ou sobre seus joelhos no trem, ou sobre a mesinha plástica de um avião de linha, ou em seu quarto de hotel em Nova York ou Jerusalém. Tão viva, esta música, tão generosa e variada, vinda com a mesma facilidade, mas indo ao encontro de tantos pensamentos diferentes, de humores alternados, de luzes mutantes, que ao ser a voz de um só e único homem, parecia por vezes exprimir uma família de amigos que poderiam todos eles serem chamados Darius Milhaud.

De que necessitava Darius para captar e dar forma a este fluxo a partir do qual se construíram em 82 anos os 430 números de um catálogo que cresceu como uma árvore que dá frutos: sempre pensando mas nunca se preocupando? Ele precisava fincar no solo suas raízes definidas na inicial e lapidar frase de suas *Memórias*: "Eu sou um francês da Provença e de religião israelita". Ele se alimentava da história e da lenda destes "Judeus do Papa", os judeus do condado de Vernaissin com nomes da geografia ensolarada, Lunel, Bedarrides, Valabrègne, Monteux, Milhaud. A liturgia judaica do condado conservara ao menos três orações para o papa. Darius preparava-se para pô-las em música quando sobreveio o desastre de 1940. Milhaud não sabia nesta época que ele tinha um encontro com um outro papa; já que em 1963 ele comporia uma sinfonia coral sobre o texto de uma encíclica de João XXIII, *Pacem in Terris*. Texto de um papa que celebrava a paz e pedia o desarmamento das nações, proclamava o direito de cada um crer segundo sua consciência, lembrava a igualdade dos homens e condenava solenemente o racismo e o anti-semitismo. Palavras que a Igreja nunca pronunciara – é o mínimo que podemos dizer. O papa dos anos de guerra nada fez para reavivar o seu sentido...

Descobridor das músicas que o atravessavam, Darius começara desde seus dez anos o aprendizado musical e aperfeiçoara durante toda sua vida um saber, uma técnica e uma audácia pesquisadora que aguçaram constantemente a extrema curiosidade de espírito e o prazer pelo jogo, da experimentação. Nada do que se procura e se inventa, se arrisca e se lança, escapa a Milhaud. Pelo caminho, ele terá experimentado tudo, tateado tudo, descoberto o jazz antes da moda, os ritmos afro-latinos, a politonalidade, posto em música os poemas de Goethe ou de Blaise Cendrars, a Bíblia e um *Catálogo de Máquinas Agrícolas*, o rei Davi e os Fratellini, conseguindo uma cantata de um romance de André Gide e reinventado com alegria os tangos brasileiros e as danças do Carnaval do Rio.

Mas esta riqueza de invenção, esta facilidade que o faz passar da alegria de *Scaramouche* às meditações pungentes do quarteto Op. 32 ou à ampla celebração do *Serviço Sagrado*, Milhaud os faz jorrar do quase nada. Um piano, uma mesa portátil, o modesto apartamento do bulevar de Clichy, uma vitrola que por muito tempo foi um "traste", que bastara para Darius: nada mais lhe era necessário. "O que você levaria para uma ilha deserta?" perguntamos-lhe. "*O manuscrito da obra em curso e papel em branco*", responde – tendo como óbvio que sempre há uma obra em curso, e que o papel em branco é a única coisa indispensável ao criador – sem contar, bem entendido, a amizade e o amor. Amigos de infância e de juventude (Leo Latil, Armand Lunel), amigos de literatura e de palavras (Claudel, Jammes, Cocteau, Cendrars), cúmplices e companheiros de criação, os Seis, os colaboradores de execução, regentes, solistas, orquestras, Milhaud vive na amizade como um peixe na água. Ele tem poucas necessidades, salvo a de seus irmãos, de seus pares, de seus amigos.

Mas esta obra e esta "vida feliz"* (o título que dará às suas Memórias), como imaginá-las sem este pequeno homem que delas não se afastará nem um metro, nem o tempo de um batimento do coração durante uma longa vida? Um domingo de outubro de 1920, o público dos Concertos Colonnes está agitado. Pierre dirige a *Suíte Sinfônica* que Milhaud tirou de seu *Proteu*. Saint Saëns fica indignado com estas *aberrações charentonescas*. Uma parte do auditório grita: "Chega! Chega!" No camarote, ao lado de Darius, encontra-se sua priminha Madeleine, a quem ele viu crescer. Está com 18 anos agora. No ponto alto da confusão, ela não agüenta mais, deixa seu lugar e vai colocar-se em

---

* *Ma vie hereuse*. (N. da T.)

pé ao lado de Darius. Mesmo que isto não seja "literalmente" verdadeiro, parece-me que, desde este dia, Madeleine nunca mais abandonou "Da". E Madeleine adulta, no fundo, jamais abandonou a pequena Madeleine da infância, tal como é descrita por Darius:

> Apesar de ter somente 12 anos, Madeleine tinha uma atividade extraordinária. Ela ocupava-se totalmente das tarefas de sua mãe, e cozinhava em caso de necessidade. Ela trazia deliciosos caramelos cozidos na chama de uma vela.

A Madeleine que conheci muitos anos mais tarde não mudara. Atriz, cozinheira, cantora, secretária, enfermeira, ela "não parava", como se diz. A descrição de "Madi" com 12 anos corresponde com a que fiz dela em a *Flor do Tempo*. Madeleine preparava, nesta ocasião, com a mão direita o chá e um bolo para Supervielle ou Claudel que chegariam às cinco horas, com a outra escrevia um bilhete a Stravinski confirmando o jantar do dia seguinte, respondia ao telefone a André Malraux que queria falar com Milhaud, batia um creme de chocolate com a terceira mão, respondia indiretamente uma questão de Da, enquanto ela repetia com um outro lóbulo de seu cérebro o texto de uma cantata de Milhaud que deveria cantar em poucos dias. Lá em cima, Henri Sanguet tocava, seguido na escada pelos passos de lenhador de Fernand Léger, e quando havia, no Bulevar Clichy, n. 10, amizade para seis, atenção para oito e bom humor e bolo para dez, havia para doze, o que permitia acolher Honneger como vizinho, Francis Poulenc que estava de passagem, Aaron Copland que desembarcava de Nova York e Jean Genet que trazia o texto do balé que acabara de escrever para Da. Então Madeleine saía alegremente da minúscula cozinha, tendo improvisado, com facilidade e rapidez, um Fregoli ao forno, um delicioso jantar em que os pratos tinham um leve toque de lavanda, de *pistou**, de céu azul e de montanha Santa Vitória, o toque provençal do próprio Milhaud.

* Caldo provençal feito com alho socado e aromatizado com basilicão. (N. da T.)

A um psiquiatra a quem ela indagava sobre sua especialidade e que lhe respondera: "Trato principalmente de maníacos", Madeleine Milhaud respondeu, pensativa: "pergunto-me, por vezes, se eu não seria uma paciente para o Sr. A mulher que, durante toda uma vida, cuidou exclusivamente de um homem, não seria uma maníaca?"

Não. É uma companheira. A acompanhante de um homem que efetivamente merecia ser acompanhado, inventando uma após a outra a "música das esferas" da *Criação do Mundo* ou um delicioso *Catálogo de Flores*, a tragédia grega a Claudel com as *Coéforas* ou *Caramelo Mole* para 1933, malicioso, generoso e doce, com pontas picantes para os entediados, os impostores, os maldosos, maravilhoso pedagogo e mestre atento, na escuta de suas "crianças", como ele chamava seus alunos, Darius Milhaud era um homem muito simples e um gênio tranqüilo. Antes de encontrar Claudel, o jovem Da pergunta a Francis Jammes: "Como ele é?" Jammes responde: "É um barco a vapor". Se me perguntam como era Darius Milhaud, responderia: "Mesmo em uma cadeira de rodas há tantos anos, Da era um albatroz muito à vontade, no sopro da inspiração".

Claude Roy

PREFÁCIO DA EDIÇÃO DE 1952

As entrevistas aqui reunidas foram solicitadas a Darius Milhaud pela Radiodifusão Francesa por ocasião de seu sexagésimo aniversário celebrado em 1952.

Foram recolhidas exatamente como se deram e não foram reescritas posteriormente. Isto quer dizer que não será necessário procurar aqui nenhum cuidado de composição. Para cada assunto tratado, não foi pedido um começo, um meio e um fim. As entrevistas se desenvolveram sem um caminho já traçado, e elas foram reproduzidas desta forma, com seus parênteses e as digressões que nos levam, às vezes, bastante longe do assunto inicial.

Na verdade, nenhum destes encontros conclui. Nenhum deles, ademais, procura provar algo, mas dar a saber todo um conjunto de coisas, a conhecer séries de reações. A conclusão de cada um deles era somente trazida, de improviso, pela fiel Marinette que entrava com uma bandeja com uma chaleira e fatias de pão de especiarias.

A dificuldade para o interlocutor de Darius Milhaud era conseguir que ele falasse sobre si mesmo. Ora, se no plano muiscal, o compositor das *Coéforas* tem exata noção de que ele vale, do que ele é, o homem Darius Milhaud é modesto ao máximo. Conserva sempre um tipo de pudor quando se trata de sua pessoa, e ele não se abre facilmente. Eis por que os mais variados assuntos foram escolhidos de modo que, adquirindo confiança pela própria diversidade, ele pudesse se entregar melhor, sem perceber ou não.

O objetivo da coisa não era somente, com efeito, conhecer a opinião de Darius Milhaud sobre esta ou aquela questão, este ou aquele problema artístico ou técnico, mas também reunir um certo número de declarações das quais pudesse ser apreendida uma espécie de retrato do músico por ele mesmo. Desta forma, parece que, no conjunto destas respostas, é possível ler os traços característicos da personalidade do compositor. Se pudesse esquecer a sua modéstia, gostaria de sublinhar alguns.

O primeiro, o que mais me tocou, eu que antes só conhecia o músico, não o homem, foi a bondade. E este é um sentimento que eu jamais pude tomar como defeito. Esperando, às vezes, provocar uma palavra um pouco mais dura, afirmando ou ironizando com relação a uma obra de um colega, de um colaborador, estava sempre perdendo meu tempo. E isto, eu podia perceber, não porque Darius Milhaud temesse que uma posição deste tipo pudesse figurar depois no conjunto destes encontros, apesar de minhas freqüentes tentativas, pois ele simplesmente não era capaz de tais sentimentos. Sem dúvida, Wagner – e somente ele – inspira-lhe palavras mais violentas, mas ainda assim não é maldade, mas simples repugnância. E, ao falar da crítica, ele que muitas vezes foi vítima de seus ataques, não expressa em relação a ela nenhum ressentimento verdadeiro; também deve ele emprestar a voz de d'Indy ou a de Sibelius para afirmar sua perfeita independência.

Uma outra virtude deste espírito e deste coração é o senso e o gosto pela liberdade. Ele é livre, e ele precisa de liberdade. E isto é encontrado nos mínimos detalhes de seu trabalho, sua forma de conceber um *allegro-de-sonata*, por exemplo. É aí, neste culto à liberdade, que se manifesta melhor o essencial da atitude, como homem e como artista, deste latino.

E esta liberdade, ela a reivindica para si mesmo, para dar livre curso a seu instinto. A cada página, veremos como nele tudo é comandado pelo instinto, tanto no plano humano quanto no plano técnico. E se, seguindo este instinto, ele chega às vezes a contradições aparentes, logo esclarece as coisas, dissipou qualquer mal-entendido, pela constatação, pela observação ou pelos argumentos mais naturais, ou menos constrangedores, isentos de qualquer presunção, os mais livremente pensados, liberdade nunca sendo para ele desordem, mas estando sempre harmonizada pelo equilíbrio ideal que dá uma profunda latinidade.

Este instinto o leva também a saber ser ele mesmo, a saber permanecer ele mesmo. E, para o artista, este é um ponto capital que permite envelhecer dignamente, ou seja, não envelhecer. Ele não procura como muitos outros, rejuvenescer artificialmente, cobrir-se com as descobertas dos mais jovens, disfarçar-se com novos achados, ainda que ele viva bem, em perfeita inteligência com a evolução da época. "Talvez eu seja muito velho", dirá simples e docemente, sem melancolia, quando se fala de inovações recentes das quais ele não tem a mínima vontade de utilizar. Ele continua ele mesmo, autêntico, e desta forma continua jovem, em um completo equilíbrio natural.

Tudo combina. Não surpreende depois de tudo isto que seja essencialmente atraído pela poesia sob todas as formas, "a mais suave poesia", dirá com freqüência, a poesia que é instinto, bondade, liberdade de sentimento. Daí, igualmente, seu otimismo, que nada tem de forçado, sua confiança no futuro, o crédito que dá *a priori* aos jovens, crédito que não é somente tolerância, mas encorajamento, apoio eficaz, pois ele não conhece a inveja nem o ciúme.

E é onde aparece a serenidade que domina a personagem, o lado Buda deste caráter, que é preciso cuidar para não tomar por indiferença. Sua extrema sensibilidade o impede de ser indiferente. Mas esta sensibilidade manifesta-se somente com medida – sempre o equilíbrio latino – pois, no fundo, Milhaud é um sábio. Somente que esta sabedoria nada tem da sabedoria contemplativa e imóvel do Oriental. Pois estamos aqui em presença de um lírico mediterrâneo que precisa cantar. Poeta, e não filósofo. Poeta que se expressa em uma linguagem que se formou livre e naturalmente após a linguagem tradicional da música francesa. Poesia sem literatura, em que circula uma seiva vigorosa, espessa e forte, fresca e verde, com sabor tanto seco e amargo, quanto doce como um mel tépido, verdadeiro como um produto da terra.

Muito poucos, no fundo, são os artistas que conseguem ser conhecidos, já que, na maior parte do tempo, um criador tem múltiplas facetas. Darius Milhaud consegue ser conhecido, e sua obra encontra, assim uma nova luz, mais quente, e se anima de uma pulsação nova, mais viva. Mas ele consegue também ser conhecido por ele mesmo, pelas simples seduções que oferecem seu coração e seu espírito.

A primeira vez que fui à sua casa para fazer estas entrevistas, ele deixou-me por um instante na sala em companhia de sua esposa. Falamos sobre ele, e esta exclamou em um tom soberbo e sem réplica, como que constatando uma evidência: "É impossível não amar Milhaud!" Logo pensei: "Ah! Eis uma esposa mentirosa!"

Depois de dezoito visitas, soube que ela dissera a verdade.

Claude Rostand

Primeiro Encontro
QUEM É VOCÊ, DARIUS MILHAUD?

Claude Rostand – *Quem é você, Darius Milhaud? Esta é, logicamente, parece-me, a questão a ser feita antes de tudo. À qual você responderá, não menos logicamente: "Leia minha música, escute-a, e você verá".*

Sem dúvida! Mas gostaria de saber muito mais. E se eu não lhe coloco esta questão como um oficial de justiça ou um juiz, gostaria, no entanto, de conhecer o homem que está por detrás do músico, o homem que o fez.

Neste ano de 1952, celebramos seu sexagésimo aniversário. Há, então, para trás uma carreira bastante longa. Sua personagem, seu contorno de músico estão solidamente firmados, fixados em uma produção de uma fecundidade e uma fertilidade bem raras. Quando da maturidade, esta personagem, este contorno revestem uma significação completa, profunda e provavelmente definitiva. Eles têm, evidentemente, aspectos que podem ser facilmente apreendi-

dos à primeira vista. Mas sempre há em um artista, mais que em qualquer outro homem, um mundo de elementos mais ou menos imponderáveis, mais ou menos secretos, causas e feitos mais ou menos misterios, os materiais e os resultados previstos e imprevistos. É sobre tudo isto que gostaria que falássemos durante nossos encontros, se você puder nos conduzir aos bastidores de Darius Milhaud.

Hoje gostaria que você me dissesse de onde vêm suas raízes. Há uma coisa que muito me intrigou em suas Memórias[1], *uma fórmula à qual você parece se ater, já que ela constitui a frase liminar destas* memórias. *Você começa o primeiro capítulo dizendo: "Sou um francês da Provença, e de religião israelita". Conseqüentemente, você atribui a estas duas coisas um caráter de importância bem particular. Você poderia explicar um pouco isto?*

Darius Milhaud – Eu me sinto, na verdade, muito solidamente atrelado à tradição musical francesa. Isto pode parecer curioso para alguns, mas sinto-me estreitamente tributário à linhagem Couperin, Rameau, Berlioz, Bizet, Chabrier.

C. R. – *Isto nada tem de estranho para quem conhece a história da música francesa do entre guerras e em particular o espírito disto que foi o* Grupo dos Seis. *Mas está bem claro que, para muitas pessoas, a ligação não se impõe de imediato entre o músico das* Barricadas Misteriosas *e o de* Coéforas. *Através de que laços característicos, então, você se sente desta maneira atrelado a estes mestres, quais são as razões?*

D. M. – Há na maioria dos músicos diferentes fontes de inspiração, fontes de inspiração paralelas, de origens muito diversas e por vezes difíceis de determinar, pois são aparentemente inconciliáveis. Veja Poulenc, por exemplo: sua obra sinfônica tem uma expressão muito diferente da massa imponente de suas melodias ou de suas peças para piano; sua música coral, profana ou religiosa, é também

---

1. *Ma vie heureuse.*

muito distinta – aqui, sobretudo, em sua música religiosa, é o fundo do coração de Poulenc que se toca. E, no entanto, é também tocado, mas por caminhos completamente diferentes, nas melodias como a que compôs a partir dos versos de Apollinaire.

No que me diz respeito, pode-se, também, sem dúvida, ter uma impressão de contrastes. Mas tudo tem para mim uma explicação simples. Se reivindico Couperin e Rameau, é no que concerne à minha música de câmera, notadamente em razão das proporções que procuro, proporções que eu me esforço em estabelecer nos limites do compasso sem desenvolvimentos inúteis.

Berlioz? Principalmente pelas grandes obras, as obras de vastas dimensões. E – aí também surpreenderia, talvez, a alguns colegas – pelo seu romantismo. Enfim pela feitura de sua música: quando eu era aluno no Conservatório, estudei detalhadamente, na biblioteca, a toda a obra de Berlioz. Sua orquestração é de uma personalidade tal que o autor pode ser reconhecido em apenas dois compassos. Penso, por exemplo, na orquestração que mantém a *Canção do Rei de Thulé* em *A Danação de Fausto*, ou em alguns fragmentos de *Harold na Itália*. Penso no modo com que Berlioz emprega os acordes no grave sem causar uma impressão de peso: esta é uma lição que se deveria ouvir e dela tirar proveito. E, depois, como não ser sensível a este fervilhar torrencial que por vezes nos leva das profundezas às alturas da orquestra! Um efeito como o dos trombones no grave e das flautas no agudo (e nada no meio) é um dos achados mais surpreendentes do *Requiem*. E não foi Berlioz um dos que soube dar um tratamento verdadeiramente excepcional à percussão? Veja, neste mesmo *Requiem*, os acordes completos feitos somente com os tímpanos!

No que se refere a Bizet e Chabrier, gosto desta sobriedade, esta extrema simplicidade da instrumentação que, neles, me pareceram saudáveis e acima de tudo exemplares na realização de obras importantes, líricas ou sinfônicas. E também porque a estes eu amo, e vocês acharão com freqüência em algumas de minhas obras alegres, alguns balés ou alguns concertos em particular, constantes homenagens a Chabrier que eu não poderia deixar passar por involuntárias...

C. R. – *Amigo, então, da concisão de nossos clássicos, assim como do romantismo... o mais raro dos nossos raros românticos... ou, mais exatamente, de nosso único músico romântico. Ponto para o lado francês.*

Francês da Provença, você disse? Um dos seus excelentes comentadores, o musicógrafo belga Paul Collaer, inicia seu livro dizendo que antes de abordar sua música, de apreciar sua sensibilidade, de apreciar sua arte e sua escrita, é bom passar pela Provença. E ele acrescenta: "Não chego a isolar a música de Milhaud deste ambiente de latinidade e helenismo que caracteriza esta faixa mediterrânea, pois esta música é função desta terra abençoada, porque a ela continua ligado por uma necessidade". É desta forma que você concebe sua pertinência?

D. M. – Sim, *província natal, cidade natal* estão longe de constituírem para mim expressões convencionais. *Latinidade, Mediterrâneo* são palavras que encontram uma profunda ressonância em mim.

Sou de Aix! E cada vez que lá chego pela estrada, há um sinal: o cipreste de Entremont que monta a guarda no alto da descida conduzindo a uma espécie de depressão no fundo da qual aparece a torre hexagonal de Saint-Sauveur. Este é um primeiro sinal e que me dá no coração este pequeno choque emocionante e tão doce, somente possível ao rever uma paisagem ou um ser amado.

C. R. – *Mas este mundo mediterrâneo que lhe é precioso, que lhe é essencial, é um mundo que se exprime antes de tudo de um modo lírico. Você se acha essencialmente um lírico, e, como diz ainda Paul Collaer, "um poeta lírico que se exprime pela música"?*

D. M. – Sim, sem dúvida, se considerar, como o faço, que a essência mesma da música é a melodia. E eu sempre me esforcei em exprimir a linha melódica da obra na qual trabalho com a maior continuidade possível. Ademais, para que serviria todo o arsenal técnico do qual dispomos hoje, se não estivesse exclusivamente a serviço do elemento poético na criação musical? Se não nos ajudasse, sem se muito aparente, a exprimir somente os sentimentos?

C. R. – *Veja que não está muito na moda hoje em dia o objetivismo apaixonado quase sistemático!*

D. M. – Mas sim, é preciso chamar assim os sentimentos, apesar desta época. Veja *Wozzeck*. Será que pensamos, ao escutá-lo, na imensa construção, na estrutura sutil e rigorosa, nas formas de todo o tipo que aí se encontram voluntariamente reunidas, que aí se sucedem, e com que lógica, com que rigor e com que arte? Você dirá, se for sincero, o lado técnico está aí, tangível, mas completamente ultrapassado pelo que é retido, pelo que o enleva, o estreita. Acredito ser isto a música!

C. R. – *Esta questão do lirismo vai nos levar naturalmente ao segundo termo da proposição inicial de suas Memórias: "... de religião israelita". Ora, acho que o judeu é essencialmente lírico, que o lirismo judaico é muito característico deste lirismo que só as raças, que são ou foram oprimidas, podem produzir, assim como você mesmo o constatou antes de falar da música da América, no momento da importação do jazz na Europa.*

D. M. – Se insisto no lado "religião israelita", é que sou profundamente religioso. Isto posto, não creio que podemos falar verdadeiramente de opressão (antes de Hitler e do regime de Vichy, bem entendido) quando se trata dos judeus do *midi* da França. Não se esqueça que estas comunidades são, talvez, as mais antigas do mundo ocidental. Na Idade Média, o Condado Venaissin foi, para os israelitas provençais, um lugar de refúgio e proteção da jurisdição pontifical que era exercida neste enclave francês dos Estados da Igreja. A situação destes judeus da Provença é, além disso, bastante peculiar, geralmente bem pouco conhecida, para que possamos aí nos deter um instante. Você sabe que eles se instalaram nesta terra cinco ou seis séculos antes de

Cristo. E o que é importante lembrar é que eles não se instalaram lá como povo orpimido, como povo errante ou perseguido, mas voluntariamente, por livre escolha, e para exercer seu comércio ao lado dos foceus que acabavam de fundar Marselha. Do ponto de vista religioso, eles também, nesta época, conseguiram numerosas conversões entre as populações autóctones, em particular entre os gauleses, por ser a religião judaica monoteísta. Mais tarde, eles pediram asilo ao papado, em Avignon, onde se abrigaram após as ameaças do rei René. Este asilo lhes foi concedido, e foi isto que sempre lhes deu consciência de sua condição particular perante o resto da nação judaica. É notadamente isto que fazia, na época, que nossos ancestrais judeo-condadinos não aceitassem de bom grado entre eles os judeus asquenazitas emigrados da Europa Central, cuja mentalidade era completamente diferente. Esta é a razão de eu insistir tanto neste ponto.

Isto dito, e para voltar à música, assim como pus em relevo obras religiosas de Poulenc, também devo destacar, no que se refere à minha produção, minhas obras de inspiração religiosa.

C. R. – *Eis então a bagagem que você traz consigo quando faz sua entrada na história da música: um francês da Proveça e de religião israelita. Você assim permanece, no fundo, e você assim o quer. Mas os meios ou os países nos quais você viveu vieram modificar isto, ou eventualmente, enriquecê-lo, imagino: Paris, América do Sul, América do Norte? Em que medida?*

Primeiramente Paris. Este primeiro andar do bulevar de Clichy onde mantemos estes encontros, este bulevar onde você passou grande parte de sua vida, a dois passos de Medrano, na confusão do parque de diversão, os carrosséis, as atrações, os tiros-ao-alvo, ou, ao contrário, como hoje em dia, na atmosfera tranqüila da feira de quadros que aqui vem se instalar silenciosamente nas tardes de sábado.

D. M. – Paris, sim, adoro Paris! Mas a minha Paris é aquela em que eu sempre vivi. É a da margem direita, e sobretudo este Montmartre de que você fala, meu bulevar de Clichy, minha praça Pigalle. Quando estou na margem esquerda, sempre me sinto um pouco como turista, maravilhado, é certo, mas turista. Gosto de meu modesto apartamento no qual moro desde 1923. Desde que haja um raio de sol em Paris, ele brilha para mim. E principalmente nestes últimos anos em que minha saúde me mantém tão freqüentemente prisioneiro, o espetáculo deste amplo bulevar sempre alegre, animado, é uma fonte inesgotável de distração. A hora da feira é milagrosa! Poderia fazer um tiro-ao-alvo de minha janela. Principalmente aos domingos, é maravilhoso. Digo ainda que o ruído nunca atrapalhou meu trabalho. De resto, o parque, e eu o lamento, tornou-se quase silencioso: nada de alto-falantes, uma música de carrossel *mezzo-piano* que nos dá somente uma impressão longínqua... A não ser os tiros – e ainda há agora as carabinas pneumáticas – que conservam um leve fundo percussivo.

Mas também posso trabalhar no calmo!...

C. R. – *E sobre as Américas?... Mas vejo que está ficando tarde, e que nosso tempo está acabando. Proporia também reservar este assunto para um de nossos encontros consagrados às viagens, às suas viagens pois acho que a viagem foi para você mais que um simples passatempo, mais até que uma simples necessidade profissional, mas uma necessidade, um alimento espiritual que desempenhou um grande papel no ribeirinho do bulevar de Clichy.*

D. M. – Sim, é verdade, adoro as viagens, e elas me são indispensáveis. Mas uma viagem maravilhosa é a da volta, quando vou reencontrar minha querida Paris, minha margem direita, meu bulevar de Clichy...

Segundo Encontro
A VOCAÇÃO

Claude Rostand – *Acho que depois de nos ter falado sobre suas origens profundas, suas origens étnicas e confessionais, você poderia nos contar como, e em que estado de espírito, seguindo qual impulso você abordou a música, como o fenômeno musical se revelou a você. Você, parece-me, começou como futuro violinista?*

Darius Milhaud – Mais exatamente como pianista. Mas não prossegui. Nunca fui pianista. Mas enfim, se você quiser que eu seja bem preciso, eu brincava no piano aos dois anos e meio. Depois eu comecei o violino, seriamente, com sete anos.

C. R. – *Mas isto como amador, como uma* arte recreativa, *segundo a expressão consagrada?...*

D. M. – De jeito algum. Nunca pensei que pudesse ser outra coisa que não músico. Mas desde o começo, achei que o violino era somente provisório. Pelo contrário, parece-me – tenho absoluta certeza – que eu já sabia que a composição seria minha vida.

Assim, meus pais foram admiráveis, e tenho para com eles uma dívida de gratidão sem fim. Meu pai poderia ter desejado, sendo o único filho, que eu continuasse os negócios de amêndoas cuja firma criada no século anterior ele dirigia. Mas ele nem mesmo expressou este desejo, ou a simples vontade. Além disso, ele adorava a música, e sentiu que deveria favorecer minha vocação. E esta atitude não foi puramente platônica, devo acrescentar, pois sua ajuda material me foi assegurada até sua morte. A única condição colocada para minha ida a Paris era que eu passasse nos meus dois bacharelados. E como ele tinha razão!

C. R. – *Mas em qual momento, e como, lhe ocorreu a idéia de compor? Como esta idéia ou esta vontade se manifestaram?*

D. M. – Sempre pensei em compor. Mas você sabe, quando se é criança, temos sempre projetos grandiosos.... Pegamos uma folha de papel pautado, e escrevemos em cima – SINFONIA. Depois, compomos quatro compassos, e... paramos. Ou então, começamos uma ópera em cinco atos, colocamos música nas duas primeiras falas, e... ficamos aí! Foi somente quando encarei escrever obras mais modestas que pude terminá-las... e me dizer assim verdadeiramente compositor, ainda que aprendiz.

C. R. – *Mas acho que você se esquece de uma ópera, não em cinco atos, mas em três atos, escrita aos 17 anos,* As Santas Marias do Mar, *seiscentas páginas inteiramente orquestradas... Isto não é duas falas!*

D. M. – Sim, certamente! E não foram estes os meus únicos ensaios de juventude: na mesma época, houve primeiramente sete coletâneas de sete poemas de textos de Armand Lunel com quem estudava, depois uma sonata, um quarteto, um quinteto. Mas destruí tudo, e você não encontrará nenhum vestígio no catálogo de minhas obras que –

dito entre parênteses – você parece consultar de uma maneira pensada e metódica...

C. R. – *Sim, acredito, para os artistas, para os criadores, nas revelações da cronologia. Mas, destas obras destruídas, queimadas sem dúvida, você não poderia me dar aqui uma vaga idéia? Alguns encadeamentos de acordes, algumas harmonias, algumas linhas melódicas ou ritmos característicos?*

D. M. – Não, tudo isto está agora muito distante, completamente esquecido...

C. R. – *Talvez não tão longe, no entanto, que não possa me dar uma idéia: em suas* Memórias, *você conta que à noite, bem criança, quando estava quase pegando no sono, você ouvia na imaginação uma música de uma liberdade tão extraordinária que seria impossível transcrevê-la. E diz que este era um mistério no qual você se comprazia como em um refúgio em que sua linguagem musical se elaborava nas camadas mais profundas de seu inconsciente. Seria esta música a que você escreveu depois? Ou a sua música é bem diferente desta que você ouvia então?*

D. M. – Realmente, eu sonhei com freqüência com estas músicas misteriosas que me vinham em um momento em que eu não podia imaginar que pudessem ser escritas, de tal forma me pareciam estranhas. Seria um sinal? Foi somente bem mais tarde, quando acabei meus estudos, ao ouvir o que havia escrito depois de empreender minhas pesquisas politonais nas quais a liberdade tonal das linhas melódicas se desenvolve sem um contraponto de acordes, foi neste momento que eu tive consciência: percebi então que era esta a música com que eu sonhava aos quatorze anos, e que durante a noite eu ouvia ressoar no fundo de mim mesmo.

C. R. – *Mas a partir do momento em que você adquiriu um certo desembaraço no manejo da linguagem musical, você decidiu desde então ser compositor, unicamente compositor, e compositor profissional?*

D. M. – Sim, como disse, sempre pensei que o violino era para mim somente um período de espera, de preparação. Preparação extremamente útil, pois de dez a quinze anos toquei a parte de segundo violino no quarteto de meu velho mestre de Aix, o caro Bruguier, o que foi para mim uma formação notável. Mas dizer-lhe quanto detestei, quanto me era antipático, estudar quatro horas diárias às quais me sujeitava com regularidade absoluta, isto não saberia dizer! Durante três anos, freqüentei o curso de Berthelier, no Consevatório. Ao cabo destes três anos, em 1913, desisti...

C. R. – *E você tomou esta decisão porque sentia em você algo que pedia imperiosamente para que se expressasse, ou simplesmente porque sentia "antipatia"?*

D. M. – Primeiramente eu percebi que o violino seria para mim somente um entrave ao estudo da composição. Sem dúvida, por vezes me arrependi de não ter continuado. Mas em 1913, não podíamos prever que a vida ficaria cada vez mais difícil... Talvez, se fosse diferente, eu pudesse ter fundado um quarteto, ou tocar meus concertos. Devo dizer também, para ser justo, que o estudo do violino me foi bastante útil depois para a escrita do quarteto ou da orquestra. E mesmo o piano, sempre me arrependi de não ter ido mais longe.

C. R. – *Mas sua vocação, nascida assim espontaneamente de um instinto, lhe propôs tão cedo um objeto preciso? Quero dizer: sua produção mostrou rapidamente, desde o começo, que você era um reformador, alguém que não iria se expressar com a linguagem tradicional, nem nas formas tradicionais. Teria você desde o começo, entrevisto, ou mesmo visto claramente, as reformas que iria adotar e explorar no que concerne à língua e às formas?*

D. M. – Não tive nenhum objetivo preciso no começo. Mas, no entanto, queria instintivamente evitar certas fórmulas harmônicas convencionais. Fiz minhas "reformas", como você diz, por instinto, sem sistema preconcebido. E, ainda, digo de passagem que não gosto muito da palavra "reforma" no que me diz respeito. Ela supõe uma vontade e uma consciência que não existiram, que nunca foram minhas. Sempre tive a impressão de ter *continuado, prosseguido* o que havia antes de mim, logicamente, com um espírito de renovação e de evolução normal, mas de forma alguma revolucionário. Não tenho a impressão de no meu caso ter havido ruptura, o que me parece indicar a palavra "reforma".

C. R. – *Entretanto você adotou a politonalidade quase de um dia para o outro. Ora, este aparecimento da politonalidade na música francesa tinha de alguma forma, na época, qualquer coisa de revolucionário...*

D. M. – Sim, mas não havia ruptura, como lhe disse. Veja, eis como fui levado à politonalidade: descobri um pequeno cânone de Bach, um pequeno dueto em cânone, no qual a parte superior aparece muito nitidamente em ré menor e a parte inferior em lá menor. Naturalmente não há nada lá de funcionalmente politonal, pois, verticalmente, estas duas partes estão combinadas de tal forma que cada acorde resultante deste contraponto em duas partes pertence a uma tonalidade única. Isto me interessou prodigiosamente, ainda mais que em certos compositores como Koechlin ou Stravinski, eu havia já notado, há o uso de acordes contendo várias tonalidades, ou mesmo acordes tratados em contraponto de acordes.

C. R. – *Mas o que é curioso, é que sua vocação politonal se tenha decidido tão rapidamente, em um jovem músico que as disciplinas rígidas da harmonia matavam de tédio, ao que parece... Você não havia desistido de seu curso de harmonia no Conservatório?*

D. M. – Quando comecei a ter interesse pela harmonia politonal, já fazia muito tempo que deixara o curso de harmonia, aconselhado inclusive por meu mestre Xavier Leroux. "Por que, me dizia ele, cansar-se em assimilar uma linguagem convencional que lhe é estranha, já que você tem uma que lhe é própria". Acabei então meus estudos de contraponto, e em 1915, freqüentava o curso de composição de Widor quando comecei a escrever as *Coéforas*, obra em que estas pesquisas são grandemente exploradas.

C. R. – *Sim, mas então, como explicar que um harmonista também... pouco entusiasta, aparentemente, como você o era na ocasião, tenha podido se dirigir para uma linguagem em que a noção de harmonia é* sobremultiplicada, *poder-se-ia dizer, já que nela são usados acordes que pertencem a duas ou três tonalidades diferentes?*

D. M. – Isto ainda vem de uma questão de instinto, instinto de certas sonoridades que, em uma certa medida, meu trabalho empírico no piano certamente favoreceu. Pois pesquisando no piano, sempre fui surpreendido pelo fato de que um acorde politonal é muito mais sutil na suavidade, e muito mais forte na violência que uma agregação tonal.

C. R. – *E no que se refere às formas, às formas musicais, você também mostrou desde cedo uma certa desconfiança pelas noções escolares e acadêmicas tradicionais?*

D. M. – Sim, porque uma coisa sempre me intrigou. Enchem nossos ouvidos com as histórias de forma sonata, e, neste sentido, a *Schola* e d'Indy viam então triunfar seu evangelho, suas idéias, que eram tão rígidas quanto sistemáticas: os dois temas, exposição, desenvolvimento, reexposição etc., acrescentando-se todas as tolices do procedimento cíclico. Ora, eu pensava em Mozart. Veja uma sonata para piano de Mozart, depois de ter bem na cabeça os princípios da forma sonata com dois temas. Você não vai reconhecê-la! Há sonatas de Mozart em que se pode encontrar até dez temas para o único *allegro* inicial! E, no entanto, isto se mantém seriamente! Nada descuidado! Bem, foi no dia em que fiz esta constatação que nasceu minha admiração por Mozart, por esta liberdade da qual dá provas em relação às regras clássicas. Talvez seja porque eu tentei, também, atingir uma extrema liberdade, e a maior riqueza possível no *material* melódico, que minha música dá a impressão de se distanciar das regras formais convencionais. Mas também aí, somente o procurei na medida em que estas regras podiam não convir ao que eu queria expressar.

C. R. – *De forma que, ainda aí, no domínio da forma, você foi guiado somente por seus instintos? Não por uma vontade construtiva* a priori? *Mas, então, quando você compõe uma obra instrumental, você não imagina antes uma estrutura particular, determinada no início?*

D. M. – Acho que, principalmente, desde que Gédalge me mostrou o que era a continuidade melódica tomando como exemplo o começo da 5ª Sinfonia de Beethoven, compreendi o que a composição musical poderia ser.

Terceiro Encontro
O MÚSICO EM FÉRIAS

Claude Rostand – *Em suas* Memórias, *você fala com uma emoção poética profunda e real das lembranças que lhe deixam certos espetáculos da natureza de sua terra natal. Você me disse, outro dia, como a cor, a luz da terra da Provença desempenharam um papel primordial em sua música. Conseqüentemente, você é um visual. Então, teria a pintura, como em Poulenc por exemplo em que há uma relação clara com Matisse e Renoir, uma incidência qualquer sobre sua formação ou seu desenvolvimento, em particular a dos pintores da Provença, Cézanne, Van Gogh, sobretudo esses cuja obra podia, na época, parecer extremamente avançada?*

Darius Milhaud – Não, não existe nada neste sentido. A pintura para mim é inexistente como fonte de qualquer inspiração, ou como auxiliar de criação. Certamente, gosto muito de pintura! Entre meus amigos, tenho vários pintores de quem gosto e que admiro. Mas tudo isso fica estranho, exterior à minha música.

C. R. – *Mas quando você colabora com um pintor, em uma ópera ou um balé?*

D. M. – Sim, já colaborei, sem dúvida, com muitos pintores em circunstâncias semelhantes. Mas, mesmo neste caso, ópera ou balé, não há contato profundo ou real. Além disso, na maioria das vezes, minha partitura está composta antes que eu saiba quem será o cenógrafo.

C. R. – *Pronunciei, a pouco, de passagem, o nome de Cézanne, pensando que este nome de Aix iria provocar em você uma reação imediata...*

D. M. – Talvez Cézanne seja a única exceção ao que acabo de dizer. Mas se ele tocou profundamente algo em mim, isto nada tem a ver com a música. Cézanne para mim é o campo de Aix ao qual ele se identifica, e que também é uma parte de mim mesmo. Tive meu primeiro contato com Cézanne muito jovem, e sempre conservei dele uma impressão intensa, constante, inesquecível. Para mim, ele faz parte da Provença, e é principalmente por isso que o situo. Enquanto provençal, sempre pensei que Cézanne era um fotógrafo sublime...

C. R. – *Esta é uma afirmação, penso, que pode fazer arrepiar todos os admiradores de Cézanne que não são provençais! Cézanne fotógrafo! Vão chamá-lo de sacrílego!*

D. M. – Talvez! mas eu o sinto desta forma. O que me toca em Cézanne é o equilíbrio da *coisa* provençal. E ao contrário, quando vou à minha terra, o que me toca é encontrar Cézanne em cada curva das estradas, ou simplesmente olhar os horizontes azuis, ou os troncos de pinhos em um dia sem sol, pois é somente assim que a cor interior do objeto pode se transmitir sem palpitações luminosas exteriores.

Mas você vê, como dizia a pouco, nada que diga respeito à música.

C. R. – *Acho, na verdade, que é preciso que eu tenha uma posição. Mas teria gostado muito que você tivesse sido um pouco mais eloqüente sobre o capítulo da pintura, estando bem entedido, de uma vez por todas, que ela não tem contato com sua música. O gosto pela pintura freqüentemente esclarece muita coisa em uma pessoa, principalmente em um artista. Veja Poulenc, de quem eu falava a pouco, e como seu gosto por Renoir nos leva a conhecer melhor seu personagem! Para você, quem seria, então? Rubens ou Douanier Rousseau? Fragonard ou Dali? Giotto ou Braque?...*

D. M. – Não acredito que existam hoje pintores com atmosferas nas quais eu possa me sentir tão profunda e certamente em contato quanto Poulenc em relação a Renoir, por exemplo. Mas é certo que quando era bem jovem, quando descobri a pintura – fora Cézanne, bem entendido –, Tiepolo e El Greco foram os que me impressionaram mais profundamente. Seria o efeito de uma retrospectiva Tiepolo que vira em Munique em 1913? Talvez... Em todo caso, quando estive na Espanha com Léo Latil, em 1912, nós nos dirigíamos a El Greco, sabendo muito bem que estaríamos em presença de um artista cuja obra conhecíamos perfeitamente, de tanto que suas reproduções nos eram familiares. A leitura de Barrès somente confirmou este sentimento que nos levava ao mestre de Toledo tanto quanto ao grande pintor da decadência veneziana.

C. R. – *Mas se os pintores não tiveram acesso ao seu universo sonoro, acho que não podemos dizer o mesmo dos poetas. O catálogo de suas obras compostas sobre textos poéticos faz, na verdade, aparecer uma lista de mais de cinqüenta nomes, desde Catulo e Ésquilo até Francis Jammes e Supervielle, passando por Ronsard, Claudel, Gide, Cocteau etc., sem contar os textos anônimos e religiosos.*

Como estes textos desencadearam em você um desejo de composição?

D. M. – Meu Deus, escrevi melodias como todo mundo. E para escrever melodias, sempre me esforcei para escolher os textos necessários com enorme cuidado. E também porque eu adoro escrever óperas, e para isso é preciso um texto!

A melodia coloca uma questão formal com duas respostas: há uma forma que nasce dos sentimentos que o poema sugere, e depois há a que precisa da trama musical se se quer evitar um tipo de improvisação rapsódica, conseqüentemente sem antes nem depois... São estas duas coisas que é necessário conciliar.

C. R. – *Há um tipo de critério, mais ou menos instintivo, presidindo a escolha que você faz dos poemas? São os temas que determinam, ou é a língua, ou uma certa estética, ou um outro fator qualquer?*

D. M. – É difícil responder, pois como acabo de dizer, sou muito rigoroso comigo a respeito da escolha dos poetas. E sobre isto, há ainda uma outra coisa: experimento sempre um tipo de timidez, de pudor, de incômodo mesmo em relação aos poetas que já foram tratados por outros compositores. Então tenho este sentimento em relação a Apollinaire ou Eluard, poetas a quem amo e admiro, mas a quem, parece-me, que Poulenc deu sua mais perfeita ressonância, seu verdadeiro clima sonoro.

C. R. – *Mas, desde seu começo, você deve ter encontrado um poeta ou poetas, cujos textos lhe inspiraram imediatamente o desejo de prolongar através de sua música a ressonância verbal, de traduzir, justamente, o clima sonoro. Olhando, ainda, o catálogo de suas primeiras obras, constato que dos onze primeiros* opus, *há oito importantes coletâneas e melodias e uma ópera em três atos, contra duas partituras puramente instrumentais. E estas obras vocais são assinadas por Francis Jammes (três vezes), Paul Claudel, André Gide, Lucile de Chateaubriand, Maurice de Gué-*

rin, Lamartine e Léo Latil. E, em seguida, volta, em obras de grande envergadura, o nome de Claudel...

D. M. – Sim, Jammes, Claudel e Gide foram os verdadeiros ídolos de minha juventude. Sempre gostei do ritmo da língua de Claudel, este martelar que cai e se levanta como um grande mar, este imenso lirismo. Que maravilhosa sustentação para um músico!

A grande sorte da minha vida foi ter encontrado Claudel. Foi em 1912. Havia posto então em música alguns poemas de *O Conhecimento do Leste*. Mas ele logo me falou de *Oréstia* cuja música compus entre 1913 e 1923. Estive com ele durante o ano de 1913 em Dresden, quando das apresentações de *A Anunciação à Maria* acontecidos em Hellerau. Foi lá que ele me entregou o texto de *Proteus* cujas três versões que escrevi situam-se entre 1913 e 1919. Você vê que uma singular continuidade da colaboração se esboçava desde o princípio. Em 1916, ele me levou para o Brasil durante dois anos.

Aconteceram então *O Homem e seu Desejo*, os *Poemas para Barítonos* e os *Salmos*. Depois as minhas visitas a Claudel em Brangues, e as de Claudel a mim em Aix deram à luz *Cristóvão Colombo*, às duas versões da música de cena de *A Anunciação à Maria*, à cantata *Pã e Syrinx*, à *Sabedoria*, e às três cantatas *A Guerra*, *A Paz*, e *As Duas Cidades*. A guerra interrompeu nossa colaboração que o rádio deveria reatar ao me pedir uma música de cena para *O Descanso do Sétimo Dia*, em 1950. Enfim, em 1952, fiz uma música de cena para *Cristóvão Colombo* montada por J. L. Barrault em sua versão dramática, música que não terá nem mesmo uma nota em comum com minha ópera.

C. R. – *Enquanto que com Francis Jammes, ou mais exatamente com sua obra, sua colaboração não foi tão durável nem tão seguida. Pelo contrário, ela foi uma das primeiras, a mais efervescente conseqüentemente, ao menos é o que imagino. A mais abundante também, pois em dois anos você pôs em música mais de vinte poemas dele, mais os três atos de* A Ovelha Desgarrada. *E podemos nos per-*

guntar como você, que estava sob o enlevo do esplêndido verbo claudeliano, fosse também sensível a esta poesia tão particular de Francis Jammes, tão íntimo, por vezes tão concreto, até mesmo prosaico, como precisamente A Ovelha Desgarrada...

D. M. – Isto foi justamente o que me agradou em Jammes, talvez em reação contra os belos arranjos musicais que se faziam, na ocasião, dos versos de Baudelaire ou de Verlaine. Foi isto que me agradou, e é isto que sempre me agrada em Jammes, esta simplicidade da poesia de todo o dia, com este sentimento da natureza de uma frescura deliciosa e única, este lado familiar, esta ternura terrena e campestre.

E depois um poeta me descansava de outro!

Isto não me impedia, entretanto, de voltar com paixão ao lirismo profético e trepidante daquele que o próprio Jammes comparava "barco a vapor"!

C. R. – *Quanto a Gide, isto pode ser também para nós uma outra fonte de estranhamento vê-lo usar em* Alissa *(esta cantata para voz e piano extraída de* A Porta Estreita*) uma pulsação verbal tão diferente das duas outras; esta prosa de Gide que parece à primeira vista tão pouco "musical", da qual você obtém, no entanto, uma prosódia válida, e que, no final das contas, é uma das suas obras mais belas – apesar de não ser a mais tocada...*

D. M. – Talvez. Aliás Gide não manifestou de início um entusiasmo particular por esta música, já que, depois de ter ouvido *Alissa* cantada por Jane Bathori, ele me felicitou nos seguintes termos: "Agradeço-lhe por me haver feito sentir tão bela a minha prosa". O que, você há de convir, é um autocumprimento singular! Devo dizer, para ser justo, que, em uma circunstância, ele demonstrou ser tocado por minha música. Foi quando ele ouviu a minha cantata *A Volta do Filho Pródigo*. Guardo cuidadosamente a carta que ele me escreveu, dizendo que esta cantata, que ele somente ouvira no piano, seria tocada pela orquestra. "Que boa novidade, diz ele. Tenho o seu – nosso – filho pródigo como uma obra muito bela. E há poucas coisas que eu desejasse tanto ouvir ou reouvir, pois guardei uma recordação excelente e patética da execução provisória. Estou na expectativa do que os jornalistas chamam uma *revelação.*"

Adorei *A Porta Estreita*. Foi a essência deste livro que impressionou, por este desejo de pureza através de tanto sofrimento e sacrifício, o jovem de 1913 que eu era. Além disso, a prosa de Gide possui um equilíbrio mágico bastante sedutor para um músico.

C. R. – *E Léo Latil, este poeta bem pouco conhecido do grande público, mas que tanto quanto os precedentes, assombrou sua juventude? Você musicou vários poemas seus. Você também não escreveu em memória dele um quarteto de uma concepção um pouco particular, quarteto que você não deixou nem publicar nem executar?*

D. M. – Trata-se de meu terceiro quarteto de cordas composto em 1916 em memória de meu querido amigo Léo que acabava de então morrer heroicamente durante a ofensiva de Champagne em setembro de 1915. Na realidade, eu pedi que esta obra só fosse tocada depois de minha morte. Se quis fazer deste quarteto minha obra póstuma era por ele ser uma homenagem simples à memória de alguém cuja amizade preencheu meu coração de adolescente. Talvez seja também, porque fiz intervir, na segunda e última partes, uma voz feminina que canta uma passagem pungente do diário íntimo de Léo – diário que me foi deixado, e cuja publicação, durante trinta e sete anos, nunca concebi. Mas depois de tanto tempo, podemos considerar o período anterior à guerra de 14 como se já estivéssemos mortos. Acho que seria importante agora publicarmos este diário. Além disso, tendo concluído meus quartetos – terminei o 18º e último para o meu sexagésimo aniversário – se eu tivesse a possibilidade de tê-los interpretado como meu desejo, não seria justo deixar na sombra este terceiro quarteto cuja fisionomia é, como você disse, um pouco particular. Talvez eu decida deixar que ele seja tocado também. Ele tem somente dois movimentos lentos, o primeiro usa elementos da melodia que compus a partir de *O Rouxinol* de Léo Latil, e o segundo é acrescido, como acabo de dizer, de uma voz que canta este fragmento do diário íntimo.

Quarto Encontro
GOSTOS E CORES. I.

Claude Rostand – *Sua lenda, como a da maioria dos artistas, alimenta-se de um certo número de anedotas, diz-que-diz, opiniões mais ou menos bem transmitidas; fofocas ou mexericos mais ou menos verdadeiros, que somente acrescentam ao mistério de sua personagem pelo pouco de apropriação que tudo isto, por vezes, tem com esta personagem, pelo menos conforme a idéia que comumente fazemos dela. E como você não se pronuncia jamais publicamente, gostaria de propor que você fizesse os últimos retoques ou, mais exatamente, recolher estas opiniões da própria fonte, de sua boca.*

Por exemplo, diz-se que você cultua a música de Albéric Magnard, músico geralmente considerado como secundário, e que, ao contrário, um compositor como Brahms não comove particularmente. Quanto a Wagner, nem falaremos... ou melhor, falaremos mais tarde, e eu me regozijo antecipadamente...

Darius Milhaud – Sim, eu gosto muito da música de Magnard. E isto não somente por uma necessidade de um contraste com Debussy que desde minha juventude eu gostava, e da influência de que sempre senti de me libertar, mas eu gosto de Magnard por ele mesmo. Gosto de seu senso da terra, da terra francesa que é encontrada particularmente na 2ª sinfonia com seu robusto *scherzo* e seu andante tão cheio de poesia e sentimento da natureza. E isto com meios harmônicos extraordinariamente simples e sóbrios. Em *Berenice*, em *Guercoeur*, gosto de seu senso de grandeza. E, por mais surpreendente que isto possa lhe parecer, estou convicto de que Magnard me auxiliou a encontrar meu caminho. Como lhe dizia a pouco, apesar de adorar Debussy, sentia necessidade de escapar à sua influência. Ora, a arte vigorosa de Magnard – e eu penso no *finale* da quarta sinfonia, ou nos poemas maravilhosos e suaves para barítono e piano – esta arte vigorosa deu-me um verdadeiro empurrão em uma época em que eu procurava meu caminho, e levou-me bem longe da magia debussiana à qual meu coração, no entanto, permanece sempre fiel.

C. R. – *É verdadeiramente muito curioso. Mas isto me leva justamente a falar de uma coisa que sempre me intrigou em sua obra, a dificuldade, quase a impossibilidade que há de poder sugerir, precisar, ou mesmo suspeitar das influências musicais que você pôde receber. E é ainda mais difícil, conseqüentemente, imaginar de que músicas deve gostar.*

Já que falamos até agora de suas afinidades, seja por um país, seja por uma região, seja por uma confissão de suas afinidades pelos pintores ou pelos poetas, já que você nos disse quais eram suas tendências naturais desde o começo de sua carreira, proponho-lhe de, ainda hoje, ficar no terreno das afinidades, e reservar seus "monstrengos" (Brahms, Wagner e outros) para depois, de modo a completar o lado em relevo, o lado positivo e ativo de Darius Milhaud.

Há instantes, eu lhe falava das músicas das quais você poderia gostar. Mas será que as coisas que amamos têm forçosamente uma influência? É o que eu quero lhe per-

guntar, citando alguns nomes ao acaso das suposições que fiz. Você me respondeu, a propósito de Magnard, cuja influência não foi verdadeiramente musical, mas somente espiritual, que ele provocou em você uma simples reação afetiva. Ao contrário, alguns músicos descobrem em algumas de suas primeiras obras traços, evidentes dizem, de debussismo. Os artistas do Quarteto Pascal me faziam observar isso há poucos dias, a propósito de seu primeiro quarteto de cordas em que eles estavam trabalhando. Adianto que, quanto a mim, não distingui semelhantes traços. Teria você a impressão de ter por um momento estado sob uma verdadeira influência de Debussy ou, mais exatamente, já que você me disse ter querido escapar a esta influência possível, você tem a sensação de que ela pode se manifestar por um instante em algumas de suas obras?

D. M. – Aqui, é preciso distinguir duas coisas. Primeiramente, o culto que sempre tive pelo compositor de *Pelléas* e em segundo lugar o que você chama a influência que ele pode ter sobre mim.

Desde os treze anos, quando compunha alguns quartetos de cordas em Aix, descobri o quarteto de Debussy. Foi uma verdadeira revelação, e logo saí em busca da partitura de *Pelléas* que, desde então, ficou sendo uma de minhas partituras de cabeceira. A partir daí, minha admiração e meu amor pela música de Debussy se desenvolveram à medida que apareciam obras novas. Até o dia em que apareceu o segundo caderno dos *Prelúdios* para piano. Neste momento – e eu já me modifiquei desde então! – senti-me um pouco derrotado por alguns trechos que eu não compreendi imediatamente, trechos como *O Excêntrico General Lavine*, por exemplo. E eu me abri com meu mestre Gédalge, com quem eu trabalhava no Conservatório de Paris. E Gédalge respondeu-me com esta frase que nunca esquecerei: "Mas, meu caro! Debussy *não pode* se enganar!"

C. R. – *E é uma explicação que você aceitou?*

D. M. – Não somente aceitei, como se tornou para mim uma espécie de divisa, um credo. E é uma regra que valerá, no que me diz respeito, em relação a certos músicos pelos quais tenho uma predileção particular, por vezes irracional, por vezes inexplicável, até mesmo paradoxal... mas total!

C. R. – *É evidente que em seu culto por Debussy, há algo que pode surpreender à primeira vista: o estudo da harmonia o desagradou desde o começo, a ponto de fazê-lo abandonar a aula em que lhe ensinavam – em que tentavam lhe ensinar – esta ciência. Várias vezes você contou que era incapaz de se dobrar a todos estes pequenos refinamentos, de fazer chegar este ou aquele acorde a um lugar correto. E vemos então você apaixonado por um dos mais refinados harmonistas da história da música! Há razão para algumas questões!*

D. M. – Não! Na aula de harmonia não se tratava de acordes refinados, você sabe tão bem quanto eu! Tratava-se de acordes convencionais, de uma repugnante fragilidade (*appogiatura* sobre acorde de sétima diminuta, por exemplo), ou a chegada inevitável, depois da preparação, dos piores encadeamentos harmônicos – de quarta e sexta em particular – acordes que sempre me desgostaram. Pelo contrário, encontrava em Debussy o verdadeiro refinamento harmônico. O que sobretudo me chamou a atenção nele, é que cada acorde, cada nota vem do coração e escapam a esta miscelânea que era a essência dos *baixos* e dos *cantos dados* com os quais nós devíamos nos animar no curso de Xavier Leroux.

Foi Gédalge quem me salvou, ensinando-me harmonia e contraponto através dos estudos aprofundados que nos fazia ter dos corais de Bach. Aí, trabalhamos sobre uma matéria musical que pode provocar uma ressonância profunda! E, da harmonização simples até o coral variado, que treinamento magnífico para um músico que ama a música... e que quer aprendê-la.

Voltando a Debussy, você encontrará talvez vestígios dele na prosódia de A Ovelha Desgarrada. E se, nos primeiros rascunhos de algumas obras como esta, ou em *Alissa*, não deixei de empregar acordes de nona, encadeados ou não, tudo isto desaparecia quando passava meus rascunhos a limpo.

C. R. – *Conseqüentemente, nenhuma influência de fato no que se refere a Debussy, quero dizer, influência interna. Quando muito, de sua parte, uma reação – reação no sentido em que é empregada pelos químicos – , reação provocada pelo contato de sua arte nascente com a de Debussy.*

E se falarmos de Stravinski, cujas inovações geniais no começo deste século fatalmente lhe atingiram, de maneira profunda, você retomaria como sua a resposta que Gédalge lhe deu? Você diria: "Stravinski não pode estar enganado" a um jovem músico que viesse lhe expor suas dúvidas, suas inquietudes a respeito de uma das recentes obras do autor da Sagração, *obras que hoje discutimos mais rigorosamente?*

D. M. – Sim! Sem hesitar! E tenho orgulho de ser velho o bastante para ter visto a primeira audição de *Pássaro de Fogo* em Paris, e de ter assistido em Zurique, em 1952, a reapresentação do *Rake's Progress*. Foi maravilhoso ter visto a cada ano, de 1910 a 1952, cada obra realizada com a mensagem sempre nova que ela traz, cada obra uma plenitude total, as obras de transição sendo anunciadoras de uma renovação perpétua, assim como os brotos que prometem cada ano uma colheita de frutos maduros e perfeitos. Evidentemente não éramos muitos a gostar de *Mavra* em 1921. Mas que recompensante foi ter podido então seguir Stravinski! Era uma porta aberta sobre um mundo novo, que ele iria explorar com uma incrível mestria, uma mestria sempre crescente. Nele, cada obra nos mostra um aspecto diferente, um ângulo diferente, conforme o problema abordado. Pense também em sua música religiosa, na riqueza que ela traz: considere os dois pólos em que se localizam a *Sinfonia dos Salmos* e a *Missa*.

C. R. – *É então este aspecto proteiforme da evolução de Stravinski que tanto lhe é reprovado hoje em dia, e em particular o que se chama de neoclassicismo de suas últimas obras. Mas, para voltar ao nosso assunto, parece-me que, contrariamente ao que acontece com Debussy, podemos facilmente em sua obra encontrar traços stravinskinianos. Influência mais estética que propriamente musical, penso. Influência que lembra um pouco a de Mozart ao engajá-lo na via da liberdade do discurso musical, por exemplo. Estética também, ao sugerir-lhe talvez um certo lirismo bárbaro, uma certa violência primitiva que não encontrávamos na música anterior a Stravinski.*

Estou enganado, ou há algo mais profundo e que toca na essência de sua linguagem musical?

D. M. – Não, o lirismo bárbaro da *Sagração* nada tem em comum com o de *Coéforas*. Mas na ocasião da *Sagração*, foram as agregações harmônicas que certamente me ajudaram em minhas pesquisas de então. Isto foi somente um encorajamento, pois anteriormente já havia tomado consciência dos recursos possíveis da politonalidade, no qual relatei como eu havia de alguma forma descoberto alguns traços neste dueto de Bach do qual lhe falei, em que temos a impressão de sobreposição tonal, pela maneira com que um cânone entre tônica e dominante se desenvolve.

C. R. – *Quanto a Erik Satie, a quem você também cultua, não se trata aqui, parece, de amor irracional. Acredito ser, de sua parte, um gosto muito lúcido. Mas não é por isso mais facilmente explicável. Não se trataria antes de tudo de afinidades humanas e estéticas, muito mais do que influências musicais propriamente ditas? Não vejo uma influência verdadeira, e é sempre, e sobretudo, a mesma questão em que penso: nenhuma influência em Darius Milhaud; não encontramos nunca nele o que por exemplo em Beethoven encontramos de Haydn ou de Mozart, em Brahms de Schumann, em Wagner de Lizt (peço desculpas, coloco você junto a pessoas de quem você não gosta...) ou, para ficar nos contemporâneos, em Poulenc ou em Sauguet de Stravinski...*

D. M. – O que sempre admirei em Satie, além de sua música, é sua constante evolução. Ele serve de base a muitas gerações! Em 1887, as *Sarabandas* empregam seqüências de acordes que reencontraremos na base da música de Debussy. As *Gimnopédias* não têm, segundo Ravel, o mesmo tipo de linha melódica que *A Bela e a Fera* em *Ma mère l'Oye*? Depois tem *Parada, Sócrates*, reação contra a fragmentação impressionista, obras percurssoras de Poulenc e Auric.

E em Satie, tinha também outra coisa que o fazia amado, era o crédito ilimitado que dava à juventude, ao invés de tapar os ouvidos antecipada e sistematicamente.

Finalmente, eu admirava sua intransigência face à crítica, sua recusa de qualquer comprometimento, sua total integridade, seu desprezo pelo dinheiro.

Havia também a personagem, com seu caráter extravagante, suas ridicularidades, suas brigas. Era tudo maravilhoso!

Como você dizia, a influência de Satie é uma influência indireta. Ela faz refletir sobre a sobriedade da expressão, a economia da orquestração, a simplicidade. Mas há tantas formas de atingir uma arte despojada que a impulsividade de Satie é, na verdade, mais humana que propriamente musical. Sua obra não pode nunca dar lugar a uma imitação no que toca aos elementos exteriores ou pitorescos de sua música.

C. R. – *Ao contrário, parece-me que na verdade, influência profunda, há uma: a de Koechlin. E esta, em nada estética, mas essencialmente estilística. Não foi o contato com Koechlin que o encorajou – por esta espécie de liberdade de pensamento que o caracterizava, e também pela liberdade de seu ensino – a elaborar a linguagem que é basicamente a sua, sem a preocupação do "que dirá" acadêmico?*

D. M. – Foi justamente no momento da *Sagração*, na confusão que esta obra causou nos mais velhos, enquanto nós a consideraríamos como um furacão benéfico varrendo os restos impressionistas, que o contato com Koechlin me foi precioso. Ele levou muito longe as pesquisas harmônicas. Se observarmos sua terceira coletânea de melodias, não podemos ficar imunes a seu senso natural da complexidade que desemboca na politonalidade. Mas, parece-me que ele aí chegou através da continuação das notas que prolongavam os acordes de base, passando da 9ª à 11ª, depois à 13ª, à 15ª etc. Para mim, preferi partir de uma base diferente, e logo dissociar as tonalidades diferentes que podem já se encontrar em um acorde de quinta e sexta. No que se refere a isso, aí estava minha base de partida.

Quinto Encontro
GOSTOS E CORES. II.

Sobre o Ogro Wagner

Claude Rostand – *No nosso último encontro, você falou de músicos dos quais gosta de maneira racional ou irracional, mas de que gosta irrestritamente. E ao escutá-lo dizer de sua admiração, de seu amor, de uma maneira tão convincente, pensei em seu grande amigo Richard Wagner a quem você detesta, creio, totalmente. Gostaria de poder, na verdade, esclarecer um pouco hoje o que é para mim – e acredito para muitas pessoas – o caso Wagner/Milhaud. Existe aí algo de exagerado.*

Quando eu tinha dezesseis ou dezessete anos, Wagner era para mim ídolo supremo. Mas isto não me impedia de apreciar uma música que acabava de descobrir, a de Darius Milhaud, de quem acabara de ouvir Maximiliano, *cujo 2º quarteto de cordas e a* Criação do Mundo *constavam de minha discoteca, e os cadernos de* Saudades do Brasil *em meu piano. Este músico novo, que me apareceu, me revelava todo um mundo que, sem dúvida, nada tinha em comum com o universo wagneriano, mas isto não me parecia de forma alguma incompatível; minhas duas admirações pareciam-me perfeitamente conciliáveis, de nenhum modo reciprocamente excludentes. Quando um belo dia, qual não foi minha surpresa ao ler no* Boletim dos Artistas e Escritores Revolucionários *uma declaração assinada por Darius Milhaud que, ao lado de Gide, Claudel, Aragon, Eluard, Drieu la Rochelle etc. respondia a uma enquete (sobre não sei que assunto) com esta frase lapidar: "O ogro Wagner come tudo". Minhas duas admirações não viviam então em grande harmonia. No plano musical é compreensível. E isto é uma coisa bastante irritante. Eis então o ponto de interrogação que eu lhe proponho hoje: o que há de errado com Wagner?*

Darius Milhaud – Wagner é um pouco Hitler! Aliás, Hitler não se apoiava sobre o pensamento wagneriano?

C. R. – *Não! Ele se contentava em ter amado Wagner quando era um jovem pintor de paredes, e de lhe permanecer fiel. Foi, penso, sua publicidade que fez o resto. E depois, de qualquer maneira, não podemos responsabilizar seriamente este músico que viveu meio século antes de Hitler! Bom. Wagner é, então, para você – fiquemos sempre no plano da música, bem entendido – um tirano cruel, megalômano e inebriado de poder?*

D. M. – Não, mas isto dá no mesmo. Releia *Bayreuther Blätter*, ou o livreto de *A Capitulação*, esta obra de Wagner que não seria mau lembrar ao público de tempos em tempos. No entanto, como você diz, é preferível não encarar este problema senão do ângulo musical!
Não diria também que minha atitude resoluta e profundamente antiwagneriana está baseada na reação instintiva de um coração latino impermeável à música alemã, já que eu amo Beethoven, Schubert, Mendelssohn, Schumann, Mahler, Richard Strauss e Hindemith. Considere, se assim

o quiser, que é uma certa forma do espírito alemão que deploro encontrar em Wagner e que esta forma parece ser um prelúdio do drama que a Europa viveu. Este lado de funilaria tetralógica, do qual fala Debussy, não foi o berço e o trampolim desta exaltação dominadora e destrutiva que obscureceu como no fim do *Crepúsculo dos Deuses*?

C. R. – *Você raciocina mais sobre um plano afetivo que histórico. Há talvez uma primeira distinção a ser feita inicialmente, a qual pedirei para precisar, pois ela é muito importante para situar exatamente este tipo de ódio espiritual e intelectual que você nutre em relação a Wagner. Seria por ele encarnar, com uma totalidade bastante milagrosa, as tendências estéticas do mundo germânico? Seria por sua obra constituir um tipo de síntese dos ímpetos, das inquietudes metafísicas e das violências da Alemanha contemporânea – quero dizer, da Alemanha unificada depois de Bismarck – que sua arte lhe é desagradável, odiável, intolerável, que ele lhe parece nefasto etc., como você o quiser?*

D. M. – Penso que Nietzsche, em *O Caso Wagner*, exprimiu muito bem as razões de um desgosto que é também o meu. Ele diz que Wagner é o artista da decadência, e que este decadente nos arruína a saúde e, com a saúde, a música. "Enfim, escreve ainda, Wagner é realmente um homem? Não seria ele uma doença? Ele torna doente tudo que toca, tornou doente a música." Nietzsche lança-se em seguida em uma crítica de uma violência inaudita mas que sempre me dá prazer em reler, pois ela expressa exatamente o que sinto: "Um tipo decadente, diz ele ainda, que se sente necessário com seu gosto corrompido, ao qual tem a pretensão de transformar em gosto superior, que torna válida sua corrupção, como uma lei, como um progresso, como uma realização. E nós não nos defendemos. Seu poder de sedução é prodigioso, o incenso fumega à sua volta, os erros que recaem sobre ele são chamados *evangelho* – somente os pobres de espírito deixaram-se convencer. Tenho vontade de abrir as janelas. Ar. Ar."

C. R. – *Sim, mas Nietzsche se coloca mais do ponto de vista filosófico do que do ponto de vista musical propriamente dito. E eu compreendo ainda que o que ele diz lhe toca profundamente, já que todo este escrito contra Wagner poderia trazer como epígrafe, ou mesmo como título, uma das frases que encontramos no corpo do próprio texto, e que é a seguinte: "É preciso mediterranizar a música". Ora, esta é uma observação que sempre encontramos em seus itinerários. É seu próprio caminho espiritual.*

Mas em um plano mais técnico, musical ou dramático?...

D. M. – Bem, há, primeiramente, esta concepção primária do drama musical que tanto mal fez à música. O *leitmotiv*, este guia turístico que nos permite dizer: "Veja! É o fulano!" E o público morde a isca. Ele fica tão contente de nela se reencontrar, se reconhecer, de ter a ilusão que é muito sábio...

C. R. – *Você também não é nada indulgente com o público!*

D. M. – E, no entanto, asseguro que, muito jovem, tentei, com a melhor fé do mundo, penetrar no domínio wagneriano. Com certeza, fui ver *Tristão* vinte vezes em minha juventude. Sempre tive a impressão de estar abandonado na beira do caminho, enquanto que do meu lado o público transbordava de inebriamento profundo, quase histérico.

A *Tetralogia*? Também me esforcei. Era o maior tédio. Isto posto, não sou nem um pouco bobo para não reconhecer o que Wagner trouxe, sob certos pontos de vista, a particularidade de sua técnica – como o segundo ato dos *Mestres Cantores*, por exemplo, com seu final magistralmente construído.

Mas o que você quer, não entro nesta música; ela não entra em mim, e repito, ela me aborrece. E além do mais, sinto também o seu lado ameaçador. De resto, ela paralisou, com sua pérfida influência, muitos músicos vulneráveis. A reação de Debussy foi sadia, natural, normal: considere quem, em sua juventude, reagiu parcialmente contra o impressionismo debussista!

C. R. – *Esta é justamente a objeção que iria fazer, pois se nos ativermos ao plano estritamente musical, o debussismo depois de Debussy não era de forma nenhuma menos perigoso que o wagnerianismo depois de Wagner. Não seriam então todos os* ismos *perigosos pelo próprio fato de serem baseados em sistemas que sempre tiram uma certa liberdade do artista?*

Mas, para voltar ao nosso assunto, não lhe parece, depois de tudo isto, que a estética germânica seja odiável por princípio?

D. M. – Não! Já que gosto das músicas que escapam rigorosamente disto, que se sobressaem de maneira contundente. Mahler e Strauss por exemplo...

C. R. – *Conseqüentemente, é somente com Wagner? Há então um "caso Wagner" também para você?*

D. M. – Sim, e é ainda mais curioso que as fontes de Wagner, que encontramos em Weber ou em Lizt, parecem-me o elemento *puro* do qual saiu toda esta torrente de pessoas e de lama que carregam qualquer coisa. Assim como desta torrente sinistra saíram as personalidades poderosas que se separaram com dificuldade, mas no entanto, suficientemente para nos oferecer uma música apurada, somente guardando a marca wagneriana como uma tradição já longínqua e sem efeito profundo.

C. R. – *Então, é preciso reconhecer que houve poucos, mesmo na Alemanha; e quando se trata de Bruckner ou de Richard Strauss, isto não tem importância. É curioso também observar que seria principalmente na França que o perigo verdadeiramente se materializou em um momento com as pessoas da Schola, até mesmo Chabrier. Mas isto nos levaria muito longe...*

Quanto ao sistema filosófico de Wagner, acho que...

D. M. – Que é inútil que dele se fale. É uma filosofia nebulosa, absorvente e aniquilante para tudo que quisesse dela escapar até o desabamento final.

C. R. – *Mas ainda assim temos a linguagem musical?*

D. M. – A linguagem musical está ligada, em Wagner, à expressão dramática, e ao sinistro *leitmotiv*. Isto limita as possibilidades líricas, apesar de um imenso e notável trabalho de elementos temáticos, mas de onde não saímos. Não falo de certas passagens como o *Venusberg* ou *A Cavalgada das Valquírias* que são tão gritantemente convencionais que me surpreende que estas músicas não tenham sido exploradas para os Mickeys de Walt Disney.

Ufa! Dê-me ar puro! Dou todo o Wagner por uma página de Berlioz!

Sexto Encontro
GOSTOS E CORES. III.

Alguns Outros Alemães

Claude Rostand – *Da última vez, você me falou sem a menor indulgência, e com a mais viva franqueza, dos sentidos que sempre lhe inspiraram a obra e a personagem Wagner. Estes sentimentos, ainda que discutíveis no meu entender, são certamente fáceis de compreender vindos de um lírico latino como você, de um mediterrâneo, colocado frente a uma das mais surpreendentes, assustadoras encarnações do apetite musical germânico.*

Mas o que gostaria de pedir que você precisasse hoje é sua posição, não mais frente a um caso particular como este, um caso limite, mas de um certo conjunto que caracteriza a obra germânica que, ao contrário da arte francesa, constitui, a meu ver, o segundo pólo do pensamento musical europeu.

Darius Milhaud – Não é porque eu não gosto de Brahms e Wagner que devo rejeitar a música alemã no seu todo. Já lhe disse o quão profundamente admirava vários músicos da escola de além-Reno. Além disso, gostaria de fazer também uma distinção, que me parece essencial, entre a tradição alemã e a tradição austríaca. Entre as duas há um abismo.

C. R. – *Sem dúvida. Mas se pegarmos alguns casos concretos: Brahms, por exemplo, para começar. É o alemão típico, é do Norte. Eis um compositor que durante muito tempo consideramos antiwagneriano (o que, aliás, é completamente artificial). Brahms deveria – e não somente em razão desta pretensa qualidade de antiwagneriano – cair em suas graças. Ora, é sabido que você não o aconselha aos alunos de seu curso de composição no Conservatório...*

D. M. – Nunca procurei afastar nenhum de meus alunos de um músico do qual não gosto. Além disso, este não é o meu papel. São comentários de bastidores bastante inexatos.

C. R. – *Conta-se, particularmente, que você praguejou contra a orquestração de Brahms...*

D. M. – De jeito nenhum! Não é porque sua música seja pesadamente orquestrada que eu não gosto dela. Schumann não orquestra tão bem, não é verdade? E, no entanto, gosto de grande parte de sua obra. Mas a música de Brahms me escapa. Nela eu vejo uma falsa grandeza que se estende, uma falsa sensibilidade que lacrimeja, repetições excessivas nos desenvolvimentos que me cansam. E quando digo que esta música me escapa, ela verdadeiramente me escapa, pois me é impossível retê-la. E, no entanto, quantas vezes não ouvi as sinfonias! Bem, nunca pude reter uma nota. Também, a cada nova audição, tenho a impressão de ouvir esta obra pela primeira vez, e me digo, com uma certa ansiedade: será que vou gostar? (pois não pediria mais!) Mas, também aí, fico sempre na beira do caminho, aborreço-me, e pouco a pouco fico com raiva. Acho que Debussy não gostava de Brahms. Conta-se que o violinista belga Jacobs tocava um dia na casa de Ernest Chausson, e com este último, uma sonata de Brahms, e que Debussy, do jardim jogava pequenos seixos pela janela, na sala, sobre os dedos de Chausson para fazer com que a música parasse...

C. R. – *Sim, esta anedota foi confirmada pelo próprio Debussy, pelo menos como uma opinião, pois o que ele escreveu sobre a música de Brahms não é nada agradável – aliás, o mesmo com Fauré. Mas neste ponto, Debussy é uma referência bastante má, uma má testemunha: não defendia ele Rameau para melhor acabar com Gluck? O que parece um pouco arbitrário, senão absurdo...*

D. M. – Mas eu acho isso absolutamente natural, de forma alguma arbitrário!

C. R. – *No que lhe diz respeito, no entanto, há uma primeira coisa que deveria fazê-lo gostar de Brahms. Para começar, não há nele esta exaltação fervorosa de toda a quinquilharia de guerra que você detesta em Wagner. Ele se coloca no universo de sentimentalidade burguesa que é o dos grandes românticos alemães e austríacos, como Schubert, como Schumann. É uma espiritualidade e uma sensibilidade bem diferentes...*

D. M. – Não! Não como Schubert ou como Schumann. Esta é a diferença. Gosto do que você chama universo de sentimentalidade burguesa – que corresponde para Schumann perfeitamente com o que eu penso: quando era jovem, eu dizia que ele havia posto um chapéu-coco na cabeça da música... E se eu gosto deste universo, talvez seja pela qualidade melódica que me parece suprema em Schubert e Schumann, assim como em Weber e Mendelssohn. Mas em Brahms, ela me parece fraca, sem caráter, pastosamente expressa, com uma solenidade de baixa qualidade.

Caro amigo, por que você me persegue com os músicos de quem não gosto? Gostaria muito mais de homenagear os que me tocam...

C. R. – *Porque, mais ainda que com Wagner, há aqui um desacordo que me surpreende. Então, volto à carga! Há uma outra coisa que deveria aproximar Brahms de você, algo mais exclusivamente musical. Você me disse uma vez que começou a gostar de Mozart no dia em que percebeu a liberdade com a qual ele se comportava em relação aos clichês clássicos, a forma sonata em particular, que ele não se restringia à imutável exposição – desenvolvimento – reexposição com dois temas, mas que ele tratava e utilizava, ao invés, com uma incrível fantasia, que ele enriquecia com cinco, seis e até dez temas. O fenômeno é o mesmo em Brahms que, sob uma aparência de formalismo rígido, mostra uma liberdade muito grande no plano da estrutura, no plano do material e do trabalho temático. Isto é facilmente verificável.*

D. M. – Como você pode falar da liberdade mozartiana a propósito da opacidade obsequiosa de um Brahms! Esta liberdade, esta vida, você a encontrará circulando, leve, aérea, arejada, em Mendelssohn, e tão diferente: pense na *Sinfonia Italiana*, nos *scherzos* dos quartetos, nas sonatas para órgão, sem esquecer dos *Romances sem Palavras*, e nas melodias que nunca cantamos. Pense em Weber, nas suas óperas, no seu movimento sem descanso.

Mas nada disso, infelizmente, em Brahms. E na sua música de câmara, é semelhante. Ouço constantemente na América seus quartetos, seu quinteto, e cada vez com maior desolação.

C. R. – *Mas todos estes defeitos que você encontra em Brahms, até na sua música de câmara, e que não se comparam – nem de longe – com o gigantismo que você lamenta tanto em Wagner, você não os encontraria, e até mais fortes, em um músico como Gustav Mahler, em particular em suas sinfonias colossais? E no entanto, você não havia dito que tinha um fraco por Mahler?*

D. M. – É mais que um fraco! Gosto profundamente de algumas obras de Mahler. É um compositor de quem gosto, em primeiro lugar, por seu dom melódico. As *Kin-*

dertotenlieder, O Canto da Terra, comovem-me profundamente. Algumas sinfonias também, embora eu sempre fique perturbado pela longa duração de algumas delas. Mas destas, que música bela e suave!

C. R. – *A palavra "perturbado" parece-me um grande eufemismo para as sinfonias que duram por vezes mais de uma hora... Posso lhe dizer, porque eu também gosto e admiro Mahler. Você não está sendo tão indulgente com ele quanto você é severo com Wagner ou Brahms?*

D. M. – Não. Digo "perturbado" quando se trata de um músico de quem gosto. Teria dito "horrorizado" se fosse um compositor de quem não gosto...

C. R. – *Mas, no entanto, você não acha que há uma certa banalidade em seus temas?*

D. M. – Talvez. Atribuamos uma ligeira banalidade a alguns de seus temas. Além disso, gosto dele pela beleza, a riqueza e a clareza de sua instrumentação. Veja a orquestra enorme, e no entanto tão clara, tão transparente, da primeira sinfonia! Veja com que extraordinária economia ele se serve dos contrabaixos na quarta sinfonia e em *O Canto da Terra*! E a maestria com a qual aproveita todos os timbres variados ao infinito!

C. R. – *E você não é tocado, no entanto, por um certo peso germânico desta graça?*

D. M. – Não é alemão. É vienense, e é sem dúvida por isso que sinto maior afinidade com uma arte como esta.

C. R. – *Conseqüentemente, não é sobre o plano técnico que você fala aqui. Não se trata também nem de meios nem de receitas de fabricação, mas unicamente da espiritualidade, de gostos racionais ou irracionais, de sensibilidade epidérmica...?*

D. M. – Para mim, Mahler situa-se em uma tradição à qual, de fato, sou sensível, a tradição vienense. Ele faz parte de uma linhagem que passou por Mozart e Schubert, e que, através dele, vai nos conduzir ao Schoenberg da maturidade, e a Alban Berg. As *Valsas* e, principalmente, as *Ländler* deixaram nestes músicos, de Schubert a Berg, traços que se encontram no equilíbrio inefável e característico, ao mesmo tempo leve e sensível, adorável.

C. R. – *E é esta a posição que ele ocupa, assim, na tradição vienense, pela qual você evoca seu papel de elo entre o mundo romântico e o mundo moderno, papel que além disso na França, mesmo nos meios profissionais, estamos longe de reconhecer, Mahler sendo quase desconhecido?*

D. M. – Sim, e isto me parece revestido de uma importância particular do ponto de vista histórico, já que a evolução da linguagem musical se precipita singularmente com Schoenberg cuja emancipação tonal, se bem que seja o resultado lógico do cromatismo de *Tristão*, abre uma porta para o futuro – uma porta na qual os jovens deveriam pensar duas vezes antes de se engajarem... Mas se você quiser, falemos novamente sobre Schoenberg uma outra vez, pois tenho várias coisas a dizer sobre este assunto, tendo-o conhecido muito.

C. R. – *Mas sobre tradição vienense, o que você me diria deste alemão que freqüentemente se travestia de austríaco: Richard Strauss?*

D. M. – Acredito ter em relação a ele sentimentos mitigados. Desta forma, sou muito estranho às suas grandes obras com influência filosófica, assim como *Zaratustra*, *Morte e Transfiguração* etc. Mas gosto muito de várias outras! E sobretudo, experimento uma imensa admiração pela forma com que orquestra. Acho ela verdadeiramente genial. Tem achados incomparáveis. E acima de tudo há algo nele que me toca muito, esta espécie de *confusão* a que ele chega – entendendo *confusão* no sentido nobre – e que tem uma riqueza e uma potência verdadeiramente incríveis. Esta audácia instrumental é uma coisa única, e seu sucesso não me parece surpreendente. Você encontra de tudo neste imenso e maravilhoso cafarnaum. Pense na fantasia desencadeada, desenfreada de *Till*, de *Dom Quixote*, do *Burguês Gentil Homem*! Pense em suas óperas, *Salomé*, *Electra*, duas obras-primas de intensidade, de brilho de orquestra. É estonteante! E depois se ele flertou com Viena, foi de um grande proveito: *O Cavaleiro da Rosa* é deslumbrante em certas modulações, certas audácias da orquestra e de harmonia. Confesso, no entanto, não compartilhar da admiração geral pelas obras despojadas de sua velhice: lamento a *confusão*, a explosão de audácia, a fantasia louca e que a tudo arrasta.

C. R. – *E é, verdadeiramente, o último dos compositores alemães que chamam a atenção com tanta força. Pois, depois dele, só vejo Hindemith...*

D. M. – O que não é tão mal... Sim, tenho grande admiração por Hindemith. Mas não é a mesma coisa. Paul é a mesma coisa. Paul é um sábio, um grande mestre, um pensador que se deu bem em todos os gêneros (mesmo naquele, tão difícil, da música para amadores!). Sua ópera *Mathis* é uma grande obra; suas recentes composições religiosas, tais como o *Réquiem* ou *Apparebit Repentina Dies* têm uma grandiosa envergadura. Enfim, teve, incontestavelmente, um grande proveito de suas pesquisas sobre a música da Idade Média alemã que trouxeram um elemento sobre o qual se apóia com força, como alguém que encontrou suas raízes.

Mas Strauss tem uma audácia que talvez valha mais que todas as sabedorias...

Sétimo Encontro
O RETRATO DO PINTOR POR ELE MESMO

Claude Rostand – *Hoje, e a próxima vez, gostaria de colocar algumas questões indiscretas que correspondem todas, grosso modo, à seguinte idéia, e que se reduz no conjunto a esta questão principal: "Quem você acredita ser como músico?"*

Durante nosso primeiro encontro, você respondeu à questão "Quem é você?" enquanto homem. Hoje gostaria de me endereçar ao artista e ao artesão. Gostaria que você olhasse para trás para dizer o que você pensa de sua evolução, do sentido e da significação desta, e antes de tudo, se você acha que sua produção reflete uma verdadeira evolução assim como podemos dizer de compositores como Beethoven, Fauré ou Stravinski, para somente tomar compositores cujo exemplo, a este respeito, é muito característico.

Darius Milhaud – Responderei logo a sua última questão para evitar mal entendido. E começarei dizendo-lhe que olhando retrospectivamente o conjunto de minha produção, não considero que esta reflita uma evolução verdadeira no sentido corrente do termo, ou seja, algo que possa dar uma impressão de progressão, de crescimento, de perspectiva, não importa qual o nome que se dê. Os musicólogos são apreciadores da *primeira fase, segunda fase, terceira* etc. Não vejo nada assim no que me diz respeito. Distingo, antes, uma série de caminhos diferentes que me solicitam cada um por sua vez conforme a obra a ser escrita.

C. R. – *Conseqüentemente você não trabalha por ondas sucessivas, você trabalha de frente, com todas as suas tropas. E parece, na verdade, que há uma impressão de grandeza que surpreende quando se considera o conjunto de sua produção. Além disso, se você ler o que os críticos escrevem sobre você, você vai reparar que raramente eles deixam de comparar sua obra a um grande rio... com as intenções mais ou menos amáveis, dizendo de passagem; mas a mesma imagem volta freqüentemente àqueles que gostam de você, assim como àqueles que particularmente não gostam de você.*

D. M. – Pouco importa a qualidade das intenções às quais você faz alusão – podemos de uma outra vez, falar, se você assim o quiser, dos críticos. A idéia de um grande rio talvez não seja inexata, mas seria antes, a meu ver, um rio com muitos braços, com muitas correntes. Rapidamente, para sair das metáforas, gostaria de lhe dizer que sinto em mim "vias paralelas".

C. R. – *E essas vias não se interpenetram, ou não se cruzam, ou não se encontram nunca?*

D. M. – Talvez, na verdade, elas possam dar, às vezes, a impressão de se encontrarem, ou se confundirem, no plano da linguagem musical, apesar das paralelas não se encontrarem nunca. Evidentemente, no que concerne à linguagem musical, é a mesma água que corre, se você quiser que eu retome sua idéia de rio. Mas são, no entanto, a meu ver, correntes vindas de fontes, de preocupações, tão diferentes, de cuidados tão diversos, que no fundo não há nenhum ponto em comum.

C. R. – *E você pode me dizer a que categorias principais ou características você pensa poder reduzir estas diferentes correntes?*

D. M. – Em uma primeira categoria colocaria as obras líricas de grandes dimensões... o que seus colegas chamam sagas (e eu, óperas). Em seguida, tudo o que se relaciona à música de câmara. Depois, sucessivamente, a música sinfônica, a música de virtuosismo, a orquestra de câmara ou, mais exatamente, a música de conjunto para instrumentos solistas, a música de divertimento, a música de balé, a música saída do folclore ou por ele inspirada, enfim, a música segundo os clássicos.

Em geral, uma obra que pertença a alguma destas categorias é composta conforme as considerações e preocupações técnicas e artesanais muito particulares.

C. R. – *Você não acha que esta diferenciação, e, de alguma forma, esta dispersão do número de gêneros musicais é muito característica de nossa época, e que estava longe de ser tão acentuada antigamente? Em você, isto é muito sensível, assim como em um Stravinski, por exemplo, ou um Hindemith. Você foi cúmplice, se ouso dizer, desta multiplicação dos gêneros, por instinto, e porque a coisa estava no ar, ou então você foi o artesão ativo e voluntário no objetivo de procurar novos meios de expressão?*

D. M. – Não, acho que é muito mais simples que isto. Acredito que um compositor deve poder trabalhar qualquer composição. As circunstâncias sempre se encarregam de orientar-nos em direção a uma obra com certo caráter, depois para uma obra completamente diferente. É preciso poder realizar tudo. E isto com amor, tendo sempre, bem entendido, a possibilidade de enfrentar qualquer problema técnico.

C. R. – *É uma regra ideal à qual, penso, somente uma minoria de compositores pode se adequar... Mas você poderia dizer que o conjunto das categorias das quais acaba de falar, estas correntes paralelas de sua produção, pode se reduzir a um denominador comum? Quero dizer: podemos isolar um Milhaud essencial, um elemento característico e permanente que seja o Milhaud essencial?*

D. M. – É muito difícil. Como dizia, cada categoria de obras corresponde, para mim, a uma necessidade qualquer bem definida, necessidade que um gênero de obra me impõe e ao qual devo me submeter.

C. R. – *Você não se importa, talvez, que o enquadrem em uma fórmula sintética, em um tipo de equação de base. Quanto a mim, gostaria de poder fazê-lo, no entanto, tanto para mim quanto para o público que é suficientemente amador de ordem e de método, e que isto certamente ajudaria a compreender um artista sempre tão complexo em aparência, e uma não menos complexa obra.*

Evidentemente, é muito difícil escolher, decidir que uma ou duas destas categorias o contêm mais completamente que todas as outras reunidas, pois como dizia Cocteau no tempo do Coq et l'Arlequin: *"Todo viva não sei quem!, implica um* abaixo não sei quem!" *Se grito: "Viva as* Coéforas, Cristóvão Colombo *e os quartetos", isto possivelmente quer dizer: "Abaixo* Salade, Scaramouche, *ou as* Saudades". *O que seria uma pena! Mas não hesitaria em fazê-lo, mesmo que você também o lamentasse. Além disso, é um caso que se coloca para muitos músicos, Honegger em particular, com a oposição* Antigone – Jeanne au Bûcher *que era posta pelo Opéra em um mesmo programa há algum tempo, o que somente ressaltava esta diferença.*

D. M. – Sem dúvida. Mas você não pode pedir a um compositor para escrever somente um certo tipo de música. Não se pode escutar uma obra com o pensamento de outra obra.

Você fala justamente de Honegger. Fui muito repreendido pelo concerto que aconteceu na sala Gaveau quando ambos completamos sessenta anos no início de 1952. Disseram-me que face à obra monumental que fez executar Honegger, *La Danse des Morts* na ocasião, eu me fiz representar somente por peças menores, pequenos trechos.

C. R. – *Sim, era também uma crítica que lhe fiz, e é um pouco isto que me levou a colocar-lhe hoje esta questão relativa ao que você considera como sendo o Milhaud essencial.*

D. M. – O caso deste concerto é um pouco particular. Poderia ter pedido que fosse montada uma das minhas grandes obras corais. Mas não se podia dar ao coro uma tal sobrecarga de trabalho. E depois, na elaboração de um programa, é preciso também operar por constrastes. Foi o que fiz. Preferi, então, mostrar obras menos importantes, sem dúvida, mas podendo levar ao público um elemento, seja de variedade, seja de novidade. Além disso, minha escolha foi inspirada pelo fato de que algumas destas obras não eram executadas com freqüência, como a versão orquestral de *Saudades do Brasil*, ou *A Fantasia Pastoral*, ou pelo fato de que algumas outras obras nem sempre são corretamente executadas, como a partitura de *Madame Miroir*, que é, na maior parte do tempo, confiada, ai!, às orquestras de balé – e você sabe o que isto quer geralmente dizer! Fosse, enfim, pelo fato de que se tratava de obras novas, como no caso de *Kentuckiana* em sua primeira audição em Paris. Se tivéssemos tocado, de Arthur, obras sinfônicas de dimensões menos consideráveis, como o concertino para piano, por exemplo, ou *Pacific*, então as *Coéforas* teriam equilibrado o programa.

C. R. – *São razões, ao mesmo tempo, boas e ruins, ao menos, a meu ver. E para tentar fazê-lo reconhecer, pois continuo na minha idéia de Milhaud essencial, pediria que passasse em revista comigo as diferentes categorias que você enumerou há pouco. Talvez, então, eu pudesse, tirar uma conclusão no sentido da que procuro.*

Tomemos, então, se você quiser, a primeira de suas Vias Paralelas, *as grandes obras líricas: a trilogia ao mes-*

mo tempo esquiliana e claudeliana da Oréstia, *a trilogia sul-americana* Maximiliano, Cristóvão Colombo, Bolívar, *e algumas outras grandes obras isoladas como* La Sagesse *ou* Medéia. *O que estas obras, que se escalonam ao longo de sua produção, representam para você do ponto de vista do criador?*

D. M. – Na minha nomeclatura, seria, acho, natural que pensasse primeiramente em minhas obras maiores. Mas, é preciso, antes de tudo, considerar as circuntâncias que me levaram a escrevê-las, e os problemas que elas me colocaram.

Oréstia, já lhe disse, data de meu encontro com Claudel. Desde 1912, ele me falava de um certo problema lírico que via na linguagem esquiliana. Foi o que me levou a arquitetar uma concepção particular da música de cena. Em uma cena de *Agamenon*, nas sete cenas de *Coéforas*, ele visava uma substituição do canto e da orquestra pelas cenas faladas da peça. Daí a necessidade de ter personagens duplos, atores e cantores. A música, tendo aumentado de uma peça para outra, tendo adquirido uma importância crescente, decidi fazer das *Eumênides* uma ópera.

Foi também, sob a influência de Claudel que empreendi *Cristóvão Colombo* e *La Sagesse*.

Quanto a *Maximiliano*, é o assunto, não o texto, que se impôs a mim em primeiro lugar. Em relação a *Bolívar*, fiz uma música de cena para a peça de Supervielle para as apresentações da Comédie-Française em 1936. Em 1943, quando morava na Califórnia, longe da França, procurava um tema para ópera. E foi então que pensei em *Bolívar*, porque é uma história de uma libertação, assunto que correspondia constantemente a todos os nossos pensamentos.

C. R. – *Então, são as circunstâncias que, com freqüência, dão origem às suas obras líricas. E quanto à sua música de câmara, esta música feita essencialmente de confidência íntima, imagino que há uma intervenção mais necessária da vontade pessoal?*

D. M. – Fiz muita música de câmara na minha infância – sonatas, trios, quintetos – tocadas com meu pai em casa, ou com o quarteto de meu bom e velho Bruguier, para que conservasse o gosto por ela. E, depois, é uma forma, o quarteto sobretudo, que leva à meditação que leva a exprimir o mais profundo de si, e com os meios limitados a quatro arcos. Talvez seja um gênero menos direto, mas muito satisfatório por sua austeridade, seu caráter essencial de música pura, e também pela economia de meios ao qual temos de nos acomodar. É, ao mesmo tempo, uma disciplina intelectual, e um cadinho da mais intensa emoção.

Oitavo Encontro
SEQÜÊNCIA DO RETRATO DO PINTOR
POR ELE MESMO

Claude Rostand – *Durante nosso último encontro, você começou a sobrevoar sua produção; você isolou, ou antes, definiu, as vias paralelas que ela nos apresenta. Examinamos sucessivamente a significação e suas grandes obras líricas e de sua música de câmara, o que, a meu ver, representa as "vias principais". Resta-nos, hoje, falar de um certo número de vias que eu me permitiria chamar "vias secundárias".*

Darius Milhaud – Não deveria ter muitas "vias secundárias". Toda obra feita com amor traz seus problemas e deve resolvê-los em um equilíbrio particular. Veja, tomemos por exemplo, para começar, as obras nas quais tive o cuidado voluntário de explorar os recursos de um instrumento, as obras de virtuosismo, e notadamente os concertos...

C. R. – *Sim, você tem no seu ativo um número imponente de concertos. Conto com um pouco mais de quinze para diferentes instrumentos – piano, violino, violoncelo, flauta e violino, clarinete, dois pianos, marimba, harmônica e até percussão.*

D. M. – Gosto da questão que traz o concerto, esta questão que consiste, ou deve consistir, em dar a um instrumento e a um instrumentista as possibilidades de desdobrar, explorar, seus recursos técnicos – um concerto deve ser difícil salvaguardando os direitos da música. Quero dizer que é preciso cuidar para que a trama musical seja mantida deixando ao virtuose a possibilidade de mostrar com facilidade suas qualidades, como um cavalo de raça o faz em uma corrida. Mas, freqüentemente, devo adiantar, estes concertos foram obras de circunstância que fui levado a compor ao acaso da minha carreira, dos meus encontros, das possibilidades colocadas à minha disposição. Mas uma vez o princípio da composição de um concerto aceito, sempre atuei no mesmo espírito.

C. R. – *Além disso, você começou muito tarde o gênero concertante. O primeiro que era para violino, seu instrumento de infância, data, penso, de 1927...*

D. M. – Sim, eu o escrevi a pedido de Mme. Suter Sapin, e o compus em um trem no trajeto Chicago-Denver ida e volta.

C. R. – *Quando eu dizia "vias secundárias", usei na verdade um termo impróprio. Mas queria designar com isto os gêneros que não o atraíam tão natural e diretamente como o fizeram a música lírica e a música de câmara. Observávamos, há pouco, que você aderiu relativamente tarde ao concerto. Não acontece o mesmo com a sinfonia? Parece que você abordou o gênero com algumas precauções, já que duas das suas sinfonias datam respectivamente de 1917 e 1918, e são compostas para pequena orquestra...*

D. M. – Tinha, na verdade, no início, uma concepção um pouco particular da sinfonia. Além das duas partituras que você acaba de citar, compus algumas outras por esta ocasião, nos anos 20: a terceira, que é na verdade uma serenata para sete instrumentos; a quarta, a quinta e a sexta, que se aproxima muito da música de câmara – elas foram escritas para um deceto de um lado, e de outro lado para um quarteto vocal com oboé e violoncelo. Adorava fazer nestas épocas pesquisas sobre a pequena orquestra de instrumentos solistas, e variar os instrumentos para cada obra. Empreguei a palavra *sinfonia* não no sentido clássico, mas no sentido puramente etimológico. Elas, aliás, não têm nada da sinfonia clássica: são sinfonias-minutos, se você quiser. Mas não esqueça que a palavra *sinfonia* é usada em autores antigos, em Monteverdi em particular, para designar, algumas vezes, uma página de música.

C. R. – *Na verdade, é somente em 1940, ou seja, muito recentemente, que lhe aconteceu a sinfonia do tipo clássico, em vários movimentos, amplamente desenvolvidos, e escritos para grande orquestra, até mesmo com conjunto coral...*

D. M. – Sempre considerei – e é isto que responde à sua questão – que a sinfonia é um trabalho de maturidade. Sendo assim, decidi esperar os cinqüenta anos para a ela me dedicar, querendo evitar ter atrás de mim uma ou mais sinfonias de juventude que teriam atrapalhado a unidade de uma série de sinfonias da idade adulta.

C. R. – *Você quebrou sua promessa por pouco, somente por dois anos...*

D. M. – Exatamente. Foi o pedido da Chicago Symphony Orchestra, para seu qüinquagésimo aniversário, que me incitou a escrever a minha primeira sinfonia. Sob o ponto de vista da forma, nada de especial a observar. Permaneço fiel à forma mozartiana que procura uma vasta continuidade melódica, e não teme introduzir, com freqüência, um elemento novo que traz um pouco de variedade, e que permite à imaginação e à fantasia desempenhar seu papel no quadro da sinfonia como em qualquer outra composição musical.

C. R. – *Você também escreveu uma sinfonia com coros. Com qual espírito fez intervir os coros?*

D. M. – Ela resulta da encomenda de um *Te Deum*, no fim da guerra, encomenda que me foi feita pela Radiodifusão Francesa. Li, então, os de Lulli e os de Berlioz. Mas, percebi que era impossível para mim construir algo sobre algumas palavras latinas que repetimos indefinidamente. Precisava tratar o texto do *Hymnus Ambrosianus* em uma só parte. Isto sugeria, então, um *finale* de sinfonia. Daí a dar um sentido aos outros pedaços era somente um passo. O primeiro movimento que se intitula *Fièrement*, encarna a idéia de luta. O segundo, *Recuilli*, com cantos sem palavras, prepara, para a meditação, a parte religiosa da obra. O terceiro movimento, *Pastoral*, só para orquestra, é um tipo de retorno à terra, com sentimento alegre. E o *finale* é o *Te Deum* propriamente dito.

C. R. – *Mas já que estamos no capítulo sinfônico, ele é uma de suas "vias paralelas" um pouco vizinha e da qual gostaria que me falasse agora. Trata-se do emprego que você freqüentemente fez da orquestra de solistas, de instrumentos solistas. Este é, sem dúvida, um gênero no qual podemos ver o descendente do antigo concerto grosso ou da sinfonia concertante, que quase desapareceu durante o século XIX com músicos como Richard Strauss, Arnold Schoenberg, Igor Stravinski e mesmo você...*

D. M. – Compus, na verdade, obras com formas diferentes apelando para a orquestra de solistas: primeiramente as pequenas sinfonias das quais falávamos há pouco, mas também obras líricas como *Orfeu* e as *Óperas-Minuto*, e os balés como *A Criação do Mundo*, *O Homem e Seu Desejo*, e bem recentemente, *Madame Miroir*.

C. R. – *Você foi levado a isto por uma seqüência de circunstâncias, por uma seqüência de contingências mate-*

riais – como é por vezes o caso para certas obras que nasceram, não de uma preocupação estética, mas de fatores materiais muito prosaicos; a orquestra muito particular de A História do Soldado *de Stravinski não resulta de dificuldades materiais momentâneas que Stravinski atravessava na época, e a dificuldade que ele sentia em ser tocado por uma grande orquestra?... Ou então, ao contrário, você vê na orquestra de solistas virtudes particulares, intrínsecas, independentemente das facilidades materiais que ela oferece (mesmo que sempre aumentando as dificuldades técnicas de execução)?*

D. M. – Admiro o que tem de puro na orquestra de solistas; gosto de seu *lá* – agudo, da ausência de substitutos.

Retomei, depois das pequenas sinfonias, a tradição da ópera de câmara com treze ou quinze instrumentos, sonoridade que eu gosto muito. Assim tenho duas orquestrações para *Le Pauvre Matelot*, uma com orquestra normal, a outra com treze instrumentos. E prefiro muito mais esta última.

Para os balés que citei há pouco, a coisa é um pouco diferente, particularmente para *O Homem e Seu Desejo*. Na verdade, o poema plástico de Claudel se desenvolve em quatro etapas. Sonhei, então, poder colocar em cada lado do palco, e sobre cada um de seus degraus, um grupo independente de músicos. Foi isto que me fez prever estes grupos de elementos diferentes: quarteto vocal, oboé-trompete-harpa-contrabaixo, duas seções de percussão, flautim-flauta-clarineta-clarineta baixo, enfim quarteto de cordas, todos estes grupos usando sempre compassos diferentes, e guardando uma certa independência uns em relação aos outros.

Em *A Criação do Mundo*, a pesquisa consistia em introduzir fórmulas de jazz em uma obra de música de câmara, imitando as orquestras dos teatros negros da Broadway. Em *Madame Miroir*, era uma outra coisa ainda. Sem dúvida, como lhe disse, gostava de escrever para orquestra de solistas. Mas aí, estava limitado, nos meus meios, pelas próprias companhias de balé. Empreguei, enfim, menos instrumentos do que me fora proposto. Esperava, com os solistas, obter uma melhor execução, mas...

C. R – *Em uma de suas "vias paralelas", você citou a música que tem caráter de divertimento. Veja que não está tão longe da categoria anterior, pois, neste caso, você só faz uso de formações muito restritas. Mas o que você entende claramente por música de divertimento? Imagino que não seja o que diz comumente – e tão falsamente, a meu ver – música humorística? Antes de tudo, você que conheceu bem Satie – de quem, a esse respeito, abusamos tão desconsideradamente – acredita que a música possa ser humorística?*

D. M. – De forma alguma. Sei que freqüentemente há concertos chamados de algo próximo a "o cômico em música", e cujo programa tem *Les Petits Canards* de Chabrier, peças para piano de Satie etc. A música, a meu ver, não pode ser cômica, a menos que se transforme em *clownerie* instrumental – o asno do *Carnaval dos Animais* de Saint-Saëns, por exemplo. Em outro caso, ela não pode por si mesma ser cômica. E se é possível que algumas vezes ela faça rir, é por causa do substrato literário, ideológico ou anedótico que a motiva; por exemplo, os ares de *La Charteuse Verte* ou do *Pal* em Chabrier. Mas este riso só é válido se a ironia ou a derrisão sugeridas pela música forem banhadas por uma verdadeira poesia. Além disso, esta não é uma questão para mim, para minha música. Não gosto do humor, não tenho senso de humor e não tenho humor. Gosto da alegria, da truculência, o que é outra coisa...

C. R. – *Seus amigos contam, na verdade, sobre verdadeiros ataques de risos que o atingem de vez em quando... Mas penso que, entre parênteses, apesar de tudo, você tem senso de humor. Somente, como todas as pessoas que possuem um legítimo humor natural, você o desconhece. Veja! Quando você resolve escrever dezoito quartetos de cordas – um a mais que Beethoven – penso haver aí algum vestígio de humor! Não é inofensivo e adorável trejeito, também impertinente, para o grande ídolo?*

D. M. – Como queira. Mas isto posto, não foi exatamente assim que as coisas aconteceram. Sendo jovem, escrevi em um pequeno jornal, *Le Coq*, dirigido por Jean Cocteau, que, na minha vida, gostaria de escrever dezoito quartetos, um a mais que Beethoven. Mas, no meu espírito, era uma maneira de tomar a defesa da música de câmara durante um período em que esta foi sacrificada à estética da música mordaz, à estética do *music-hall* e do circo. Mas está claro, que para esta declaração, conservava o tom um pouco agressivo, às vezes de praxe em *Le Coq*.

C. R. – *Voltando ao nosso assunto, suas obras com características de divertimento foram então concebidas no espírito de algumas obras do século XVIII, de Mozart ou de Haydn por exemplo, para o simples deleite do ouvido? E então, neste caso, achamos no fundo, em você, bem poucas obras compostas com o objetivo único de diversão pura, e não traindo uma outra preocupação correspondente em relação a uma ou outra de suas "vias paralelas", o balé, ou mesmo a utilização, seja do folclore, seja de temas antigos.*

D. M. – É verdade. E o balé é um gênero ao qual gosto de me impor. Digo *me impor*, pois o balé se apresenta para mim como um conjunto de restrições às quais devo me submeter, problemas que devo resolver dentro dos fundamentos estritos, e aos quais nada pode ser mudado. Restrições perfeitamente suportáveis: isto é uma questão de *métier*. Se gostamos e conhecemos nosso trabalho, a música é um domínio em que, mais que outros, a palavra *impossível* não é francesa. É preciso ser capaz de tratar todos os assuntos, e sob todas as formas. O balé é, evidentemente, uma das artes que, mais que qualquer outra, exige um músico acostumado a uma técnica precisa, e que pede por seu turno, uma certa agilidade e principalmente leveza.

C. R. – *Mas em suas obras que têm um caráter de divertimento, parece-me que há algumas que devem colocar problemas técnicos tão delicados quanto o balé: refiro-me às obras em que você se propõe o tratamento do folclore e o dos temas antigos.*

Se, uma vez mais, consulto o catálogo de suas obras, o tratamento do folclore parece ter absorvido uma parte considerável de sua atividade...

D. M. – Sim, acho que um bom número de minhas obras tem relação direta, confessa, desejada, com o folclore. Quero dizer com isso que seu objetivo essencial e determinante é a utilização de elementos emprestados da música popular. Mas além disso, você também vai encontrar muitas obras em que os elementos semelhantes intervêm instintivamente, acidentalmente, sem intenção expressa de minha parte.

Esta questão do folclore sempre foi para mim uma grande preocupação, e isto há muito tempo, já que minha primeira obra deste gênero data de antes da outra guerra...

C. R. – *Seu* Poème Sur un Cantique de Camargue, *acho que foi criado em Lamoureux por Lazere-Lévy e Gabriel Pierné em 1915? Foi, então, pela utilização de seu folclore natal que você começou?*

D. M. – Sim, e logo depois comecei a explorar o folclore judaico, depois o da América do Sul, o negro, o americano, o das Antilhas, o de Martinica etc.

C. R. – *E, neste tratamento do folclore, você aplica certos princípios particulares, como d'Indy pôde fazê-lo no seu tempo, por exemplo ou, ao contrário, como um Bartók, atualmente?*

D. M. – Tanto aí, como antes, não tenho princípios, mas provavelmente hábitos instintivos. Evidentemente, não hesito em pegar temas populares e harmonizá-los sem violentá-los e contentando-me com pequenas variações em cada copla. Se retomamos, assim, temas populares antigos, é com o objetivo de fazê-los reviver, dar-lhes um vigor novo, torná-los atuais. Conseqüentemente, é preciso, na verdade, fazer como Bartók, e não como fazia Schola. É preciso usar estes temas para fazer sua própria música...

C. R. – *Ora, sua música é expressamente mais contrapontística que harmônica...*

D. M. – Precisamente, é aí que gostaria de chegar. Disse-lhe que não havia princípios em relação a isto. Na verdade, aplico um embrião de princípio. Observei, de fato, em várias ocasiões, que muitos dos temas populares emprestados de um mesmo folclore têm perfis semelhantes e podem perfeitamente se sobrepor em linhas contrapontísticas, e que, desta sobreposição, nasce a harmonia mesma destes temas. Evidentemente, é preciso conceber a coisa com muita liberdade. No que me diz respeito, procuro, freqüentemente, utilizar o maior número de temas possíveis. Veja *Kentuckiana*, por exemplo, que é um trecho relativamente curto; uso aí vinte temas do Kentucky, o que dá uma variedade harmônica e rítmica particular. Mas, em geral, estes temas se sucedem. Eles se sobrepõem apenas acidentalmente, como em *Le Carnaval à la Nouvelle-Orléans, Le Bal Martiniquais* ou *La Suite Française*.

C. R. – *Mas já que falamos em folclore, que fizemos alusão a Bartók, você nunca procedeu como Bartók da maturidade – ou da mesma forma como de Falla da maturidade – que se esforça em não utilizar os temas populares existentes, e cria temas originais no espírito deste ou daquele folclore, com seus intervalos e seus ritmos particulares?*

D. M. – Sim, claro: *Saudades do Brasil*, por exemplo, em que não há nenhuma citação folclórica.

C. R. – *Há pouco você falava da* Suíte Provençal. *Aí, suas duas últimas "vias paralelas" parecem se encontrar, pois se aí você explora o folclore, é em estado primitivo, ou mais exatamente, sob a forma de temas clássicos antigos.*

D. M. – Para os temas clássicos antigos, é exatamente o mesmo problema. No que concerne a *Suíte Provençal*, são temas do século XVIII, e muitos deles são de Campra.

Sempre estive muito interessado por esta adaptação de motivos do passado às nossas necessidades atuais...

C. R. – *E você nunca temeu que o acusassem de plágio ou de sacrilégio tomando desta forma seu material dos ancestrais?*

D. M. – Você sabe, não inventei nada. É um procedimento velho como a música, e sem remontar até os polifonistas da Renascença que não se privaram de assim proceder, veja Bach que retoma obras inteiras de Vivaldi para fazer o Bach! Veja, hoje, Stravinski indo procurar em Pergolèse ou em Tchaikovski do que fazer o Stravinski!

Mas, ainda aí, como para o folclore, é preciso utilizar estes temas emprestados apenas para deles fazer uma música nova e pessoal. É por isso que é preciso operar com muita liberdade, e não ter escrúpulos respeitosos que nada têm a ver aqui... Não se esqueça que grandes mestres permitiram, assim, aos ares de outros tempos passarem à posteridade, e à mais ampla posteridade, testemunhas de certos temas da *Arlésienne* de Bizet.

C. R. – *E em qual época você, mais naturalmente, buscou mais material?*

D. M. – Quase sempre no século XVIII, como na *Suite d'Après Corette*, minha primeira sonata para contralto, a *Suíte Provençal* justamente, e mais recentemente meu concerto para harmônica composta em homenagem a Larry Adler. Gosto também de trabalhar em textos muito antigos como a música de trovadores, assim como fiz na segunda versão da música de cena para *L'Annonce Faite à Marie*, cujos fragmentos você encontrará em meus *Neuf Préludes pour Orgue* e as *Cinq Prières*. Escrevi também uma partitura para o *Jeu de Robin et de Marion* usando integralmente uma música do século XII, a de Adam de la Halle, mas muito livremente interpretada.

C. R. – *Acho que agora percorremos quase todas suas "vias paralelas". Conservamos uma impressão de riqueza muito grande, de diversidade, e também de uma extrema complexidade. Eu que pretendia, ao começar, destacar de sua obra algo que representasse o Milhaud essencial, estou bem mais atrapalhado que antes. Ao menos no plano musical, tantas são as diferentes facetas existentes.*

Pensei que poderia fazê-lo, perguntando-lhe o que você pensava de você mesmo. Mas não avançamos muito. Enfim, permita-me uma última tentativa.

Você conhece o jogo da ilha deserta. Qual de suas obras você levaria para uma ilha deserta depois de ter abandonado para sempre todas as outras?

D. M. – Para uma ilha deserta, levaria papel em branco. E a obra, a única que guardaria seria aquela na qual estou trabalhando.

Nono Encontro
OS SENHORES CRÍTICOS

Claude Rostand – *No prefácio que escreveu para a coletânea de artigos do crítico suíço Aloys Mooser, Honegger diz que a única utilidade da crítica musical é chamar a atenção do ouvinte preguiçoso para as obras novas às quais está pouco inclinado a ouvir. Não admite, então, em teoria, que o crítico propagandista...*

Darius Milhaud – Acho que você quer me fazer falar dos críticos musicais...

C. R. – *Não, de forma alguma dos críticos, o que poderia ser delicado tanto para mim quanto para você; mas da crítica, do que você pensa, por sua vez, de como você pensa que ela deveria ser.*

D. M. – Direi logo que será um assunto rapidamente tratado, pois no fundo a crítica tem pouco valor para mim.

Nunca pensei, também, em aprofundar esta questão. Você me conhece o suficiente para não ver aí nenhum orgulho de minha parte. Isto posto, é evidente que Honegger tem razão. O crítico propagandista pode ser muito útil, sendo o público extremamente preguiçoso. Mas este tipo de auxiliar do compositor pode também ser muito perigoso. Lembre-se da fábula da pedra do urso... Da melhor boa vontade de um crítico desajeitado podem nascer os piores mal-entendidos. Coloco à parte alguns dentre eles, que pedem para estudar uma nova partitura, ou que vêm aos ensaios *e que voltam ainda assim para o concerto.*

C. R. – *E os compositores críticos?... As opiniões estão divididas.*

D. M. – Eu absolutamente não compreendo o preconceito para com estes, preconceito que parece aumentar atualmente. Por que desconfiamos? De medo de algumas posições? Como se os críticos não-compositores não as tivessem! Pelo menos, trata-se de pessoas do ramo, e normalmente é interessante conhecer os gostos de certos criadores. Os artigos de Debussy e de d'Indy, que freqüentemente se opunham, eram apaixonantes na época. Também citaria os de Dukas, tão comedidos, os de Florent Schmitt, tão pouco comedidos, os de Auric, tão pertinentes, os de Ibert, bem documentados, os de Sauguet, inteligentes ou mordazes; os folhetins de Reynaldo Hahn estão cheios de páginas interessantes sobre a arte do canto e anedotas sobre o Segundo Império que desculpam uma perfeita incompreensão da música de seu tempo; finalmente, os de Honegger também, sempre apaixonados.

C. R. – *Sim, mas aí, você fala de pessoas excepcionais, e excepcionalmente inteligentes ou independentes. Ora, na maior parte do tempo – e é normal – o que falta ao compositor-crítico é a independência dos regentes de orquestra ou dos intérpretes em geral, que poderiam tocar sua música. Isto falseia terrivelmente a opinião, e impede consideravelmente a prática destas duas virtudes fundamentais da crítica que são, a meu ver, o entusiasmo e a indignação.*

Evidentemente, há compositores que, caneta em punho, conservam a mais bela independência. Há pouco você falava de d'Indy...

D. M. – Exatamente d'Indy. Bem, ele escreveu coisas muito desagradáveis sobre sua estimável corporação, e nas quais manifesta precisamente uma bela independência frente à própria crítica à qual, enquanto compositor, está submetido. Ele disse o seguinte: "Considero a crítica absolutamente inútil, diria até nociva. A crítica é em geral a opinião de um senhor qualquer sobre uma obra. Em que esta opinião poderia ser de alguma utilidade ao desenvolvimento da arte? Tanto pode ser interessante conhecer as idéias, mesmo errôneas, de certos homens geniais ou mesmo de grande talento como Goethe, Schumann, Wagner, Saint-Beuve, Michelet, quando querem fazer uma crítica, quanto é indiferente saber que este ou aquele senhor gosta ou não desta ou daquela obra dramática ou musical".

C. R. – *Sim, não é gentil. E tenho certeza que você não concorda totalmente com esta declaração. Veja que os gênios também podem dizer besteiras como os outros. Schumann, cujos escritos poético-críticos gosto, disse que Brahms, desde seu Opus 1, era o máximo – no que não estava errado – somente o embaraço de que um pouco antes dissera o mesmo de Sterndale-Bennet...*

O que quer que seja, retornando às linhas de d'Indy, nós não lhe queremos mal, e isto não impede os críticos de amarem sua música – quando convém... Neste caso, admiro ainda mais d'Indy, porque demonstra uma bela franqueza, e uma violenta indignação, virtude maior.

Isto posto, o crítico-compositor se rarefaz, na verdade, cada vez mais na França. Não sei por quê. Talvez devido a uma questão inteiramente extramusical que não é interessante discutir aqui. Mas voltando ao que lhe diz respeito, você há pouco disse que a crítica é indiferente para você. Como é isto?

D. M. – Primeiramente, pode ser que não aconteça nada, pois normalmente não tenho a oportunidade de ler as críticas. Não sou assinante de um *Argus* qualquer, e assim muitas coisas me escapam. Minha mãe, que antes morava no interior, recebia o *Argus*, lendo, classificando e colando em grandes cadernos. Mas quando eu ia a Aix, e me acontecia de percorrer um destes volumes, quase que imediatamente eu o deixava. Isto me aborrecia. E nunca pude me interessar, nem mesmo me forçar a ler todas as críticas que se seguem a uma primeira audição.

De qualquer forma, quer me gratifiquem com elogios ditirâmbicos, quer me joguem na lama, não fico nem enebriado, no primeiro caso, nem ulcerado, no segundo. Quanto às horrorosas críticas – e estou repleto depois de quarenta anos – não posso dizer que me doam. Não posso sobretudo dizer que em algum momento tenham me causado dúvida ou desencorajamento. Bem ao contrário, elas antes redobrariam minha confiança, principalmente quando são muito ruins. Mas não pense que isto seja desprezo de minha parte em relação à pessoa do crítico, ouço críticas dignas deste nome...

C. R. – *Esta é uma serenidade que é bem rara, que nem sempre encontramos em seus colegas. Conheço muitos que, quando os encontramos um tempo depois, dão a impressão que vão nos morder.*

D. M. – Posso assegurar que a minha serenidade a este respeito é profunda, real, total. Tenho ainda a sorte de ter uma mulher que partilha completamente as minhas opiniões sobre isto, o que é muito importante para um compositor...

É também preciso, se acreditamos no que fazemos, e à condição de conhecermos suficientemente nosso trabalho para estarmos certos sobre determinadas coisas, obstinar-se. Jean Cocteau já dizia, na época de *Le Coq et l'Arlequin*: "O que o público lhe reprova, cultive-o: é você". Penso que é assim que se deve proceder com relação à crítica. Pelo menos no que me diz respeito sempre foi assim. Acho que conheço suficientemente meu trabalho para expressar o que quero, como quero. Quando entrego uma obra ao público, é porque ela foi feita como eu queria. Se ela não agrada, é então por uma questão de sensibilidade, não de fabricação. Além do mais, é principalmente uma questão de tempo: a ótica auditiva dos críticos muda em dez anos. Em todo caso, estaria completamente errado em me aborrecer quando um crítico não gosta de uma de minhas obras, não lhe é sensível. Temos o direito de preferir o final do *Crepúsculo dos Deuses* a *La Mer* de Debussy; temos o direito de detestá-los a ambos; e temos o direito de gostarmos deles igualmente. Questão de gosto... Não há discussão possível. Cada um é livre para gostar ou não.

Isto para dizer que não desgosto dos críticos. Não quero lhes causar nenhum mal, nem mesmo de leve, mas no entanto não possó deixar de lhes lembrar a tirada de Sibelius: "Visite as cidades do mundo. Às vezes você encontrará nelas a estátua de um compositor. A de um crítico, nunca".

C. R. – *Nós também não desgostamos de Sibelius! Primeiramente porque sua fala é engraçada, muito engraçada, e muito mais que sua música...*

Isto posto, você não acha que, já há alguns anos, o tom da crítica, na França, em Paris pelo menos, foi por vezes muito mais violento do que fora no passado?

D. M. – Sim, tenho a impressão, pelo menos no que pude ver. Mas não tem nenhum mal nisso. Há coisas que merecem uma indignação violenta.

No entanto, eu me insurjo completamente contra certos procedimentos que vêm verdadeiramente do domínio da crítica musical. Por exemplo, veja o que aconteceu por ocasião da criação em Paris de meu *Bolívar*. Um crítico que detesta minha música – e não lhe quero mal, pois na verdade ele não *pode* gostar dela – escreveu sobre mim um péssimo artigo, tanto desagradável, aliás, quanto pouco comedido nos termos. O golpe foi mediano. Mas no dia da *estréia,* logo antes da apresentação, ele fez a gracinha de enviar à cantora, que deveria criar o principal papel feminino, um buquê de flores acompanhado de uma caixa de bétula *Quies...* Esta é uma piada de um mau gosto indiscutível, e que de forma nenhuma seria desculpável. Principalmente vindo de um crítico, é particularmente inqualificável, além de ser de um incrível sarcasmo para com a artista que trabalhou honestamente seu papel – e na presente circunstância de uma forma perfeita e notável – e que já deve, antes de entrar em cena, ser vítima das apreensões habituais...

E depois isto não prova a disposição de espírito singularmente preconcebida com a qual ele iria assistir uma obra que não conhecia?...

Da mesma forma, um outro crítico contava, não faz muito tempo, que me haviam levado à estante meio paralisado, espetáculo que, normalmente, sugere que sofremos de uma série de ataques... E, ainda mais, isto não quer dizer que eu não estivesse de posse de todos os meus meios? De outra vez, o mesmo crítico ainda escreveu: "M. Darius Milhaud, sempre empastado etc". Os incômodos que me impõem, às vezes, meu reumatismo não são da conta da crítica musical, e a luta constante que levo desde os vinte anos entre meu trabalho e meus sofrimentos só dizem respeito a mim.

C. R. – *Não acho que este tipo de coisa importe ao público. Serve mais para indispô-lo. Mas estes são fenômenos excepcionais, felizmente.*

E diante do público, justamente, qual o valor que você acredita ter a crítica musical? Você tem a impressão que ela se sustenta?

D. M. – Sim, e é uma das coisas que me surpreende. Acredito que ela tenha mais importância hoje que antigamente. E isto não somente devido a um fator econômico: os ingressos são tão caros em nossos dias que é bastante natural que maus artigos possam triunfar ante a hesitação dos ouvintes, principalmente aqueles menos afortunados.

C. R. – *O mesmo ocorre nos Estados Unidos? Diz-se que a opinião de alguns críticos tem um efeito direto, real sobre a opinião do público. Qual é o mecanismo da coisa? Parece-me interessante conhecê-lo, já que se trata de um país em que há atualmente um enorme consumo de música.*

D. M. – Não acho que nos Estados Unidos a crítica tenha uma importância tão grande assim para o compositor.

Desta forma, as últimas obras de Stravinski sempre originaram artigos de uma notória incompreensão. Isto não abalou em nada a glória deste grande músico.

Pelo contrário, é certo que a insistência com a qual um crítico como Virgil Thomson se aplicou em chamar a atenção sobre a música de Satie muito contribuiu para desencadear o interesse crescente que se manifesta na juventude em relação ao autor do *Parade* com várias obras gravadas recentemente em *long-plays*.

No entanto, o mesmo não acontece com os intérpretes. O futuro de um principiante, a noite de seu primeiro recital, depende de alguns artigos que aparecerão no dia seguinte. Quanto ao teatro musical da Broadway, um grande sucesso pode se tornar uma catástrofe depois de um mau artigo, responsabilidade que os senhores críticos assumem com uma leviandade incrível.

Décimo Encontro
ESCÂNDALOS E SUCESSOS

Claude Rostand – *No outro dia, você me falou sobre suas idéias acerca da crítica musical. Mas não foi apenas com os críticos que você se desentendeu. Foi também com o público.*

Darius Milhaud – Realmente, tive algumas... histórias. Mas tudo isto está ligado, crítica e público, a crítica sempre orquestrando em uma certa medida as reações possíveis do público, orientando-o, às vezes, mais ou menos. Algumas vezes, aliás, dá-se o contrário, e podemos ver a crítica vituperando no deserto, e o público tomando partido do compositor...

C. R. – *É mais raro, pelo menos quando se trata de uma obra nova. Aliás, isto não quer dizer que o público esteja errado. É exatamente o que aconteceu há alguns anos com o que se chamou "caso Messiaen". O público da Sociedade dos Concertos do Conservatório aplaudiu espontaneamente as* Petites Liturgies, *e no dia seguinte os críticos jogavam Olivier Messiaen na lama... vituperando assim, como você disse, no deserto.*

D. M. – Mas voltando ao que você me perguntou há pouco sobre as minhas desavenças com o público, há uma coisa que é surpreendente, é ver como, retrocedendo no tempo, as coisas puderam se produzir, e porque os escândalos surgiram.

C. R. – *Você quer dizer que muito rapidamente, retrocedendo no tempo, não se compreende mais por que uma obra causou tanto escândalo, já que, somente poucos anos depois, a mesma obra é adotada pelo público e se torna muito popular...*

D. M. – Claro! A história da música abunda em exemplos deste tipo. Diria até que a grande história da música, a história das obras-primas, é feita somente de constatações do tipo. Veja Monteverdi, cujo *Orfeu* provocou reações de uma violência louca, e que era acusada de cacofonia. Veja Rameau cuja harmonia foi qualificada de dissonante e bárbara, e cujas partes de canto, diziam, eram inexecutáveis. Veja Beethoven! Nem falo dos últimos quartetos ou das últimas sonatas sobre as quais um músico como o próprio Weber proferiu besteiras consternantes. Mas no *opus* 59, o que chamamos *Quartetos Russos* provocaram reações violentas nos discípulos mais íntimos de Beethoven, os membros do Quarteto Schuppanzigh, que morreram de rir decifrando-os, e depois recusaram-se a continuar. Ou então o violinista Kreutzer que não aceitou tocar a sonata à qual seu nome continua ligado, sob o pretexto de que ela era inexecutável e inaudível. E veja *Carmen* ou *Fausto*. E não falo de *Pelléas*, de *A Sagração da Primavera*, de *Pierrot Lunaire* ou de *Mavra*.

C. R. – *Bem, justamente, temos aqui nomes que nos aproximam um pouco de sua época, da época de seus começos. Algumas de suas partituras foram vaiadas copiosa-*

mente, creio. E estas partituras são agora populares, no entanto... E nos perguntamos verdadeiramente hoje como as coisas puderam se produzir na época. Pensava nisto não faz muito tempo ao apresentar nas Jeunesses Musicales de France sua partitura de A Criação do Mundo. *Esta foi uma vitória junto aos jovens de 1951. É uma obra maravilhosa. E, no entanto, não faz mais de vinte e cinco anos que ela desencadeou tempestades de vaias e de urros.*

D. M. – Observe que não foi ruidoso assim com *A Criação do Mundo*. Mas era sobretudo indignação. Porque era jazz, e considerávamos que o jazz – então recém-chegado na Europa – estaria melhor no restaurante ou na pista de dança, mas não em uma sala de concertos ou no Ópera.

C. R. – *E dez anos mais tarde, sobre a primeira audição de não sei mais qual obra nova, um crítico dizia que esta era um engodo, e que estávamos longe do classicismo perfeito de uma partitura tão bem-sucedida como* A Criação do Mundo.

Isto posto, quais foram seus fracassos?

D. M. – Meu primeiro fracasso aconteceu em um lugar, no entanto, bastante calmo e bastante sério, nos concertos Colonne em 1920, sob o reinado deste admirável e corajoso regente que foi Gabriel Pierné. Tocavam minha suíte de *Proteu*. Pierné trabalhou magnificamente, e fez trabalhar minha partitura. Era meu primeiro contato com o grande público. Minha família veio especialmente de Aix. O motim não tardou a estourar. Desde a abertura, começaram alguns protestos, depois estes protestos logo degeneraram em gritos animalescos, o que, aliás, provocou uma contramanifestação de aplausos de uma parte do público. Tudo isto teve como principal e imediato efeito não mais me deixar ouvir o que quer que fosse. Quando chegou na fuga, foi bem pior, e se chegou às vias de fato na sala. Um organista, discípulo de Franck, foi vaiado por Louis Durey, um dos membros do *Grupo dos Seis*. A polícia interveio, em particular contra o crítico do *Menestrel*, Brancour, que foi expulso. E apesar de uma breve e vigorosa advertência do corajoso Pierné ao público, o resto da audição aconteceu em meio a um tumulto indescritível. E ao vê-lo, Pierné se voltou em direção à sala e declarou: "Se é assim, recomeçaremos no próximo domingo!" E assim fez. Depois de algum tempo, ele me mostrou uma carta que guardei, e que fiz enquadrar, uma carta de Saint-Säens que lhe dizia isto: "Vejo com dor que você abre a porta às aberrações charentonescas, e que as impõe ao público quando ele se revolta. Vários instrumentos tocando em tons diferentes nunca foram música, mas somente balbúrdia!"

C. R. – *Pobre Saint-Säens! Mas isto era um escândalo espontâneo, nada preparado com antecedência!*

D. M. – Absolutamente espontâneo! Ainda mais que o público não conhecia meu nome na ocasião. Tanto que, no domingo seguinte, quando Pierné executava *Proteu* pela segunda vez, a mesma confusão, a maioria das pessoas veio *para* bagunçar ou aplaudir sistematicamente.

Foi também um escândalo espontâneo o que aconteceu na primeira execução de meus *Estudos para Piano e Orquestra* em que experimentava um procedimento de escrita novo – algo que, tecnicamente, podia se aproximar do espírito do antigo *ricercar* ou, se quiser, da *Arte da Fuga* de Bach. A temperatura da sala Gaveau não demorou a elevar-se. Isto não impressionou nada Marcelle Meyer que, ao piano, fez uma apresentação magnífica da obra. E, no fim do primeiro trecho, puseram-me sob a proteção da polícia...

Com *A Ovelha Desgarrada*, tive também aventuras. Albert Wolff, que regia, foi muito corajoso, e engraçado também, já que, na terceira apresentação, ele se voltou para o público no auge do tumulto e gritou: "Se vocês não gostam disto, voltem amanhã, tocaremos *Mignon*!" Sempre há cenas divertidas nestas histórias. Em *A Ovelha Desgarrada*, estava sentado perto de um senhor que aplaudia entusiasticamente. Vendo que eu ficava imóvel, ele me incentivava nestes termos: "Então, aplauda, senhor! Grite! Berre! Você deveria retornar cada vez que a peça é executada! Eu volto sempre para defendê-la!"

C. R. – *Nossos costumes estão muito distantes, hoje, destas batalhas dos tempos heróicos, ainda que no ano passado, em Estrasburgo, uma vaia histórica tenha ilustrado a primeira audição do concerto de Jolivet. No entanto, é uma exceção hoje em dia... E não sei se não seria o caso de lamentarmo-nos um pouco...*

Mas, ao lado destas obras que, depois de haverem desencadeado tempestades, conseguem rapidamente aprisionar o público, existe também o caso inverso. As obras que, desde seu surgimento, são imediatamente populares, quase como uma canção da moda. Penso no seu Scaramouche, *por exemplo...*

D. M. – Sim, mas isso é um pouco irritante. Logicamente, no começo, ficamos sempre contentes com o sucesso de uma obra nova. E depois, pouco a pouco, nos irritamos. Acho que todos os compositores conhecem isto. Veja, Beethoven com seu célebre septeto que não mais podia suportar. E mais próximo de nós, Francis Poulenc que se diz irritado pelo sucesso de seus *Movimentos Perpétuos*. E vou dizer por que é irritante. Em geral, um sucesso deste tipo é exclusivo de outro tipo de coisa. O público lhe julga segundo esta obra que, no mais, aliás, é uma obra menor. E os intérpretes quase sempre são cúmplices disto. Eles interpretarão a obra bem-sucedida e negligenciarão outras partituras mais importantes, mais características, mais significativas. Quantas vezes escutei Roussel se queixar que sempre executavam *Le Festin d'Araignés*, e nunca suas sinfonias, pelo menos até há bem pouco tempo.

Quanto a mim, alegro-me do sucesso de *Scaramouche*, mas não posso deixar de lamentar que não executem minhas outras peças de piano, *Outono*, por exemplo, ou as *Primaveras*...

C. R. – *Acredito que isto deva ser antes colocado na conta da preguiça, da rotina do público que quer escutar novamente as coisas que conhece de cor, e que não tem nenhuma preocupação em conhecer o novo. E esta rotina, esta preguiça fatalmente chegam a refletir nos mais bem dispostos intérpretes...*

D. M. – E depois há também, pelo menos para os regentes de orquestra, esta nova mania de reger de cor. Eis uma grande doença de nossa época. É por causa dela que um grande repertório se torna cada vez mais difícil...

Décimo Primeiro Encontro
OS MISTÉRIOS DA PROSÓDIA

Claude Rostand – *Há muito tempo gostaria de lhe fazer uma pergunta sobre um assunto que me parece ter grande importância no que lhe concerne, já que você escreveu uma quantidade fabulosa de obras vocais: você tem um sistema de prosódia?; emprega princípios particulares, receitas próprias?; tem uma idéia preconcebida sobre a forma que será necessária para prosodiar quando coloca um texto em música?; ou, ao contrário, a prosódia vem naturalmente da música que concebe?*

Darius Milhaud – Vou lhe responder rapidamente, *grosso modo*, lembrando-lhe que não tenho nem idéias nem sistemas preconcebidos, da mesma forma para com a prosódia. O que busco antes de tudo, já tive a oportunidade de lhe dizer, é a expressão poética. Esta é a minha única e principal preocupação.

Isto dito, está claro que no desenrolar devemos inconscientemente aplicar determinados princípios, determinadas formas, determinadas fórmulas que nos são instintivas, naturais. Mas não sei onde você quer chegar...

C. R. – *Bem vou lhe dizer logo citando-o, ao lembrar uma crítica que lhe foi dirigida, na França pelo menos. Você sempre foi criticado por adotar uma prosódia silábica muito carregada, uma prosódia que não considerava o que Ravel chamava "a música fugaz e sutil da língua francesa", que não respeitava a pulsação desta língua...*

D. M. – É realmente uma música fugaz e sutil a da língua francesa. Mas gostaria que você observasse que este é apenas um aspecto da questão. Nem sempre a língua francesa se apresenta assim. Lógico, há em nossa língua uma leveza única devida a esta espécie de igualdade das sílabas, com um leve acento sobre a última ou penúltima sílaba. Não está aí, para o músico, uma porta aberta à liberdade? Não lhe sugere uma prosódia obediente mais ao sentimento poético que ao sentido gramatical? E isto, sem nos restringir à violenta acentuação que é a do italiano ou alemão.

Além disso nossa língua é também capaz de um vigor singular. Veja, por exemplo, o extraordinário martelamento da língua de Claudel!

C. R. – *No caso de Claudel, precisamente, para o seu grande tríptico de* A Oréstia, *a música desta língua tão especial não estaria muito estreitamente condicionada à sua música?*

D. M. – A língua de Claudel é um trampolim formidável. Sua métrica contém o músico de uma maneira implacável. Mas já que você fala de *A Oréstia*, gostaria de destacar alguns coros em que a música é reduzida ao elemento rítmico único. O texto falado por um recitante é prosodiado; e os coros sustentam este recitante por uma espécie de orquestração de ritmos falados, seja com onomatopéias, seja repetindo certas palavras ou frases do recitante como em uma multidão cujos redemoinhos seriam organizados e submetidos ao compasso do regente. O todo é sustentado pelos únicos elementos rítmicos da orquestra, orquestra composta por quinze instrumentos de percussão com sons indeterminados. Se bem que normalmente eu prefira somente utilizar instrumentos normais, que se encontram em todos os tratados de orquestração, eu aqui, excepcionalmente, empreguei assobios, sirenes e golpes em uma prancha.

C. R. – *Sim, meu exemplo de* A Oréstia *foi muito mal escolhido, pois se trata de um caso particularíssimo, já que Claudel procurava uma música que aumentasse ainda mais o martelamento de sua língua.*

Mas consideremos o caso de uma língua mais natural, mais lisa. A dos Poemas Judaicos, *por exemplo, ou a de Chalupt em* Les Soirées de Pétrograd, *de Lunel em* Esther, *de Jean Cocteau em* Le Pauvre Matelot, *de Supervielle e Madeleine Milhaud em* Bolívar. *Parece que aí a crítica de que falava há pouco pode em certa medida, e à primeira vista, justificar-se. Não tenho um exemplo preciso em mente, mas não é difícil encontrar sílabas fracas colocadas em tempos fortes e o inverso. Detalhe horrível, diríamos!*

D. M. – Detalhe horrível, é verdade, se você se refere a uma certa tradição convencional e acadêmica. Pois o tempo forte é uma convenção arbitrária! A sílaba fraca pode perfeitamente nela se encontrar, mas ela é então resultante do que precede: é a curva melódica que determina seu lugar, não o tempo, forte ou não.

Isto posto, é possível que eu me permita às vezes determinadas liberdades. Primeiramente, eu acho que temos direitos ante nossa própria língua. Evidentemente, nunca me ocorreria fazer desta forma com uma língua estrangeira.

Gostaria que você observasse em seguida, que não é uma particularidade que me é exclusivamente reservada, e acho que em determinados mestres cuja prosódia é em geral reputada infalível, acharemos também acentos ditos falsos, ou acentos justos que poderiam parecer muito apoiados.

E depois, é preciso ainda dizer que a habilidade do intérprete, ou seu mau jeito, têm neste domínio uma grande responsabilidade. Cabe ao intérprete se desdobrar para que o ouvinte compreenda. Por exemplo, nas *Coéforas*, há as palavras "Loxias le Parnassien". Bem, está claro que cabe ao intérprete se arranjar para que não se entenda "Loxias le pharmacien" (o que acontece!...). Neste caso, a prosódia nada pode. Mas, pelo contrário, ela pode evitar sentidos duplos lamentáveis. Desta forma em *L'Enlèvement de l'Europe*, os coros dizem: "Cachons nous là derrière". É evidentemente preciso fazer de modo que não se compreenda (o que pode acontecer com muita facilidade): "Cachons nous le derrière". A prosódia permite dizer, para evitar o equívoco: "Cachons nous là... derrière", ou então, "Cachons-nous... là... derrière", ou então, "Cachons-nous... là derrière".

No primeiro domínio, Honegger sempre me disse que em *Le Pauvre Matelot* a expressão "à demain" era sempre escutada como "à deux mains". Mas, no entanto, um cantor deve poder pronunciar diferentemente *de* e *deux*.

Como você vê, tenho plena consciência das liberdades, das licenças que tomo. E depois, a partir do momento em que se põe um texto em música, por que querer que ele tenha a mesma elocução, a mesma pulsação que a língua falada? A menos que se trate de um recitativo – e ainda assim –, há uma convenção de base, já que não se tratará de *falado* mas de *cantado*. Por que então, convenção por convenção, não admitir outras, sob a condição, bem entendido, de que elas estejam justificadas pelas necessidade da expressão poética? Mas o que diríamos então dos vocalises, ou simplesmente do fato de colocar três ou quatro notas ligadas sobre uma única sílaba?

C. R. – *É evidente que o vocalise é o argumento que deve calar os defensores da tradição convencional acadêmica. O argumento é indiscutível... já que nada é mais falso, do ponto de vista poético, que um vocalise.*

Então você não deforma a língua, a música da língua, por mero acaso. É o que eu queria fazê-lo dizer para responder aos críticos dos quais falava há pouco. Mas sendo dado, justamente, que não há nada arbitrário em sua prosódia, que tudo é intencional, como você procede nesta pesquisa da expressão poética de que falava?

D. M. – A pesquisa da expressão poética de um texto não consiste somente em dar um sinônimo musical à música verbal deste texto, ou ao peso de cada uma de suas sílabas. Ela consiste sobretudo em esclarecer o sentido, em dar um prolongamento sonoro e material – conseqüentemente físico – ao que ele expressa; materializar a idéia que está neste texto, e também dar-lhe o movimento dramático que ele implica. E neste sentido, é pois bastante intencionalmente que me permito o que você chama falsos acentos. Eles somente assim o serão em relação a esta concepção teórica e acadêmica de que falava há pouco. Mas se o faço, é para dar valor a uma palavra importante, seja em virtude de seu sentido, seja em virtude de sua própria sonoridade; ou ainda uma sílaba que dará ao menos um relevo particular, conferindo assim à frase uma certa perspectiva sonora, uma entonação especial que convém ao sentimento que ele expressa. Da mesma forma, isto pode ocorrer em um texto de ópera, principalmente para satisfazer às exigências de um movimento dramático, ressaltando, dando corpo a este movimento, intensificando-o.

C. R. – *Há também um problema que vem junto: o das ligações, e que dá chance a discussões intermináveis...*

D. M. – Aí, penso que seja sobretudo uma questão de instinto, estou mesmo convicto. Sobre isto, justamente, posso lhe contar algo bastante divertido: presenciei uma vez uma conversa entre poetas – e o que é válido para a poesia, também o é para a música, para a melodia. Tratava-se de Jammes e de Claudel. Jammes era *favorável* às ligações (le toit-t-en tuiles). Claudel que era *contra* (le café dé Arts). Acredito que haja um meio-termo...

C. R. – *Espero também, pois tanto num caso como no outro é cômico.*
Mas retornando aos princípios gerais da prosódia, aos seus, você já procurou, em uma obra qualquer, assim como Honegger em Antígona, *um deslocamento sistemático e constante dos acentos tônicos?*

D. M. – Acidentalmente, talvez, mas nunca sistematicamente no conjunto de uma obra. Desta forma, em *Agamenon*, em 1913, em que certos membros de frases, certas palavras não são acentuadas como na língua comum, e em que indiquei acentos particulares. Em *Agamenon*, a música intervém em uma cena violenta entre Clitemnestra e o coro (coro masculino). A situação dramática exige uma prosódia acoplada, em que as sílabas seguem a rapidez da palavra. E se às vezes uma palavra é prosodiada no contratempo, é para aumentar o potencial rítmico, a ferocidade da expressão. De resto, na partitura, cada uma das sílabas em questão é dominada por um acento para mostrar ainda mais a intenção voluntária, mostrar que este acento foi realmente desejado.

Décimo Segundo Encontro
O PONTO DE VISTA DO FABRICANTE

Claude Rostand – *Há uma questão na qual você tem dúvidas, é preciso falar sobre isto. Como você trabalha? É para os bastidores que eu gostaria que você me levasse hoje, e se possível a propósito de uma obra precisa, ou de uma série de obras precisas. Por exemplo, você poderia me dizer como compôs sua trilogia sul-americana,* Cristóvão Colombo, Maximiliano, Bolívar, *que ocupam um período bastante grande de sua produção? Primeiramente, a concepção geral?*

Darius Milhaud – Bem, devo lhe dizer, antes de mais nada, que este nome trilogia sul-americana somente apareceu após a composição de *Bolívar*, pois, na verdade, não havia absolutamente previsto um conjunto com três painéis. Entre 1928 e 1943, ou seja, da primeira à terceira destas obras, foi somente o acaso que escolheu estes assuntos com relação ao continente americano. De resto, são três temas que não têm contato entre si, não têm continuidade, como a que reveste, por exemplo, determinada Tetralogia...

C. R. – *Mas, sem sermos tão específicos, não podemos achar uma certa unidade espiritual entre as três obras, unidade que corresponde a determinadas preocupações essenciais, voluntárias ou não, de sua parte?*

D. M. – Sim, poderíamos evidentemente encontrar uma certa similaridade de conjunto no fato de que Cristóvão Colombo traz a fé religiosa ao Novo Mundo, libertando-o assim do paganismo; por seu lado, Maximiliano, imperador animado pelas mais liberais intenções, fracassa, e permanece o estrangeiro, o usurpador, enquanto que os partidários de Juarez, o Índio, fazem triunfar a república nacional deles libertando-a do Habsburg; Bolívar, por sua vez, liberta uma série de países do jugo espanhol. Mas continuo achando que ainda aí o acaso intervém generosamente...

C. R. – *O acaso, então, faz bem as coisas para os musicógrafos do futuro, pois veja observações que não serão perdidas.*
E no que diz respeito à escolha de seus libretos, você tem costumes característicos, tendências caracterizadas, até mesmo manias?

D. M. – Acho que é sempre muito difícil encontrar um libreto. No que concerne às três óperas de que você fala, as condições que motivaram a escolha destes temas são inteiramente diferentes.

Para *Cristóvão Colombo*, veja como as coisas aconteceram. Uma carta de Claudel me pedia para vir vê-lo em sua casa em Brangues para conhecer um texto ao qual a música lhe parecia essencial. Quando me leu a primeira parte, que era o começo do futuro *Cristóvão Colombo*, isto foi para mim uma luz, a idéia imediata de tratar deste grande tema, de fazer dele uma ópera, ainda que isto tenha ultrapassado em muito a música pouco desenvolvida desejada por Claudel: esta música de cena, mesmo desenvolvida, parecia-me insuficiente para estancar minha sede de lirismo.

Para *Maximiliano*, é uma série de acasos e encontros. Em primeiro lugar, durante uma viagem marítima, havia lido uma obra sobre o México. Depois, mal havia voltado a Paris, li a obra do conde Corti sobre Maximiliano e Charlotte, livro que havia visto na vitrine de uma livraria em frente a minha casa, bulevar de Clichy. Em seguida, durante uma estada em Viena na casa de meu editor Herzka, este me falou sobre uma peça de Werfel sobre Juarez e Maximiliano. Fui rapidamente visitar Werfel, a coisa foi decidida na hora, e o contrato assinado com o editor. É então uma obra que nasceu em circunstâncias favoráveis. Este bom vento do começo continuou, aliás, a soprar, pois *Maximiliano* foi adotado pela Ópera de Paris antes mesmo de ser escrita, o que não é usual...

C. R. – *E com relação a* Bolívar, *que figurou todo este ano no repertório da Ópera...?*

D. M. – Para *Bolívar*, foi diferente. Supervielle, de quem tanto amo a linguagem poética, pediu-me em 1936 uma música de cena para a representação da Comédie-Française na qual a obra iria ser criada. Depois, em 1943, quando estava nos Estados Unidos, longe da França, procurava um tema para ópera. Todos os nossos pensamentos estavam voltados para a idéia de libertação de nosso país. E como *Bolívar* fala de uma libertação, decidi fazer dele uma ópera.

C. R. – *E uma vez o tema escolhido, como você colabora com o libretista?*

D. M. – Ainda aí, cada caso é um caso. Tudo depende do libretista. Quando um músico toma um tema já existente, ou se um libreto é extraído de uma peça ou de uma novela, ele deve se assegurar uma inteira liberdade de concepção e de realização. E, na verdade, um libreto pode ser bastante diferente da obra original que o inspirou: veja *Fausto*, por exemplo, ou *Carmen*. Estes são libretos que servem unicamente ao músico. Não falemos, a esse respeito, dos libretos das óperas de Verdi segundo Shakespeare...

Voltando a meus libretistas, Claudel primeiramente sempre foi maravilhoso para mim. Antes de tudo, porque suas idéias, suas sugestões para o estabelecimento de uma partitura em que abundam inumeráveis invenções e através das quais há muito que aprender, e por vezes muito a utilizar. Ele compreende também a necessidade de "deixar ir" a música (o que é raro), mesmo se às vezes ela ultrapassa o texto. Tivemos, obviamente, divergências de opinião, como na segunda parte de *Cristóvão Colombo*, na cena da tempestade, em particular, em que meu caro colaborador queria atingir um paroxismo ao fazer escutar risos histéricos nas vozes femininas dos coros!... Ora, nunca senti estes risos histéricos nos turbilhões desta tempestade, e acima de tudo isto não enquadrava com o estilo de *minha* ópera, de minha própria obra. Pelo contrário, quando sua peça é encenada por J.-L. Barrault, em sua versão dramática, então a música volta a ser modesta servidora do texto e do realizador, e os "risos histéricos" podem explodir, segundo a vontade de Claudel, sustentados por uma música de fundo.

C. R. – *Claudel nunca foi, então, tirânico para você...?*

D. M. – Não, longe disto! Quantas vezes, pelo contrário, Claudel escreveu textos para mim dizendo: "É uma proposta, tire dela o que for necessário". Tal atitude só é encontrada muito raramente. É ao mesmo tempo de uma generosidade e de uma confiança que vão direto ao coração. Aliás, veja uma carta que encontrei, carta que me foi escrita por Claudel em 1921 quando eu trabalhava nas *Eumênides*: "Sobre os cortes, diz ele, faça o que você quiser, mas na minha opinião as palavras não têm nenhuma importância; é preciso que o público se interesse no debate sem compreender uma única palavra, somente pelo movimento e pelo desenho dos períodos que deveriam ser, não coloridos musicalmente, mas desenhados prosodicamente". Eis um ponto de vista que é maravilhosamente raro vindo de um escritor e de um poeta! Alguns de meus colaboradores literários, às vezes, se surpreenderam nas apresentações por que cada sílaba nem sempre era audível em minhas óperas.

Mas aconselho-os a ouvir uma obra do repertório, *Il Pagliacci* ou *A Valquíria*, para ver se eles entendem todas as palavras!...

C. R. – *E com Francis Jammes, você encontra também uma compreensão tão grande, a mesma facilidade de trabalho, a mesma liberdade de manobra?*

D. M. – Sim e não. Francis Jammes sempre foi gentil e suave no que concerne a certos cortes em *A Ovelha Desgarrada*. Mas alguns anos mais tarde, em 1928, ele me mandou uma pequena peça, *Bluette Reine de France*, escrevendo-me: "Você mesmo verá a música com que pode enfeitar, como ramos de carvalho, esta pequena cena rústica. Indiquei aqui e ali algumas nuanças de cesura: não é preciso ter nenhuma liberdade, para mantê-las... Você sabe que eu não entendo nada de harmonia, a não ser a poética. Interesso-me enormemente pelo meu texto. Não sei se a música deve ressaltá-lo, acompanhá-lo ou enquadrá-lo, mas insisto que a menor sílaba seja entendida. Você sabe meu caro, como prezo sua colaboração musical, mas aqui preciso de uma música tão bela quanto modesta, absolutamente sem nenhum efeito que não seja a delícia. Não se veja obrigado a nela trabalhar se ela não lhe diz nada. Não o admirarei, nem gostarei menos de você por isso". E um pouco depois, ele me escreveu de novo: "Esperar um longo tempo por sua inspiração musical não me incomoda, mas gostaria de dizer, antes que você pense em começar a trabalhar, que eu não alterarei um x no meu texto".

C. R. – *De que maneira os grandes homens se sucedem e não se parecem... E como você se saiu?*

D. M. – Nunca escrevi esta música... E por causa de todas estas restrições que meu caro poeta me impôs, meu apetite musical diminuiu para uma colaboração que desejava, no entanto, tão fervorosamente.

C. R. – *E Armand Lunel, com quem você compôs* Maximiliano, Esther de Carpentras, Les Malheurs d'Orphée, *em qual categoria de libretista ele se enquadra?*

D. M. – Ah! Com ele é ideal! Aceita todas as sugestões, e eu posso discutir com ele com toda a liberdade sem ter de tomar precauções para evitar possíveis abalos no amor-próprio. Sua colaboração é delicada, sem choques. E, alegro-me, particularmente, do trabalho com que ele agora me espera, o *Davi* que empreenderemos. Seu conhecimento de história e das questões judaicas o designavam mais que a qualquer outro para conduzir a contento esta ópera que começamos agora, e que deverá ser representada em Israel em 1954.

C. R. – *Queria justamente perguntar-lhe sobre esta nova obra. Mas, gostaria de dedicar-lhe um encontro inteiro a propósito da viagem que você acaba de fazer a Israel. Voltemos ao assunto da próxima vez.*
Agora, falta-lhe falar do último libretista com o qual você trabalhou na terceira de suas óperas sul-americanas, Bolívar. *Você teve, parece, dois colaboradores?*

D. M. – Sim, o autor original, se ouso dizer, e o libretista propriamente dito. Pois o problema estava em estabelecer um libreto que conservasse a maravilhosa língua de Supervielle. Minha mulher, que escreveu este libreto, teve primeiramente de visar os cortes. Depois, como era necessário introduzir coros, ela lhes atribui como texto certas réplicas da peça. Além disso, Supervielle enviou-me algumas árias em verso, que deviam ser intercaladas.

Somente o fim diferia da obra teatral. Na verdade, o diálogo entre Manuela e a aparição da mulher morta, Maria Tereza, parecia-me impossível em uma versão lírica. Por outro lado, achava que o fato de Bolívar ter morrido só, no exílio, deveria condicionar o fim da obra. Esta é a razão pela qual minha mulher foi levada a utilizar o testamento autêntico de Bolívar, que Supervielle reescreve para assegurar a continuidade do estilo. A aparição de Maria Tereza acontecia como em um sonho de Bolívar, no desfalecimento que precede a morte. Sei que Supervielle teria preferido um outro fim, mas a ópera tem certas necessidades que levam o músico a fazer prevalecer sua concepção. De qualquer modo, sou reconhecido a este grande poeta por tê-la aceitado nesta circunstância.

C. R. – *E uma vez de posse do texto, como o aborda?*

D. M. – Bem, não o *abordo*, exatamente, a palavra *abordar* tem um sentido um pouco agressivo. No meu caso, nada disso acontece. Minha primeira reação é assimilar. É por isso que o levo para passear comigo, em meus bolsos, em minhas malas. Leio-o e releio-o. Algumas vezes, o simples fato de senti-los em minhas mãos basta para auxiliar o amadurecimento deste texto.

C. R. – *Este amadurecimento é longo?*

D. M. – Isto é extremamente variável, como pode imaginar. Mas há uma coisa que, em mim, é sempre igual: sei e sinto quando a obra está madura.
Penso nela, espero, sem tomar nenhuma atitude. E então, um belo dia, sei que posso começar a escrever. Algumas vezes demora. Algumas vezes é imediato.

C. R. – *E durante este trabalho de amadurecimento, você leva junto um bloco de notas para esboçar temas, idéias?*

D. M. – Nunca uso blocos de notas! Isto impediria o esquecimento de muitos elementos, e seria uma tentação, poderia ser uma tentação utilizar fragmentos que deveriam desaparecer. É isto que me permite o trabalho de decantação necessário.

C. R. – *E quando você decide começar, como faz?*

D. M. – Uma vez o trabalho em marcha, não paro mais, pois somente o início, como disse, quando estou certo de tê-lo amadurecido suficientemente em mim para poder expressar inteiramente meu assunto. Cada cena traz seus temas. Sem *leitmotiv*, principalmente! Cada uma se coaduna com seu começo, seu meio e sua conclusão, encadeada assim com o que precede e o que se segue.

C. R. – *O acaso intervém, algumas vezes, em seu trabalho de composição?*

D. M. – Não acredito no acaso no trabalho de composição de uma obra. Fala-se, por vezes, sobre a genialidade de Ingres, dos acasos dos estouros da mina de chumbo sobre o papel... Tudo bem! Quanto a mim, não conheço isto. Além da escolha de um assunto, como disse, o acaso não existe para mim no trabalho.

C. R. – *Existem exigências ao longo do trabalho: silêncio? Solidão?*

D. M. – Também não tenho exigências. Não tenho, partircularmente, necessidade nem de silêncio, nem de solidão, o que é bastante cômodo para minha família... O barulho não me atrapalha, seja o do rádio dos vizinhos, seja o da feira do bulevar de Clichy, sob as minhas janelas. Posso trabalhar em qualquer lugar. Mas... o silêncio também não me atrapalha! Nem a solidão! Se bem que eu goste de sentir a vida familiar em minha volta.

C. R. – *E uma vez a obra terminada, uma vez o trabalho de realização definitivo, como concebe seu trabalho com o diretor, o regente, os ensaios etc.?*

D. M. – Penso que o diretor é livre para fazer o que ele quiser. Quanto ao regente, é em geral fácil colaborar com ele, pedindo-lhe um tempo, uma nuança que poderiam ser essenciais, no caso de não serem realizados de acordo com minha vontade.

Quanto ao trabalho dos ensaios, acho que se deve dar a maior liberdade possível para os intérpretes. Sou pelo trabalho baseado na calma e na confiança. E se houver alguma coisa para pedir, peça-o a *mezza voce*, com cortesia. A coisa mais maravilhosa é o último ensaio. Acabamos, realizamos, vemos a obra no ponto. É uma satisfação imensa. Na estréia, já estamos afastados da obra. Ela está destinada ao público – e quando digo destinada...!

Desligamo-nos, então. É preciso pensar na próxima...

C. R. – *E os terrores da pré-estréia? Conhece o medo?*

D. M. – O medo? Medo, nunca!... Mas tenho, no entanto, interesse pelo desenvolvimento da primeira apresentação. Também não tenho medo em coordenar ou fazer uma conferência. Tenho pelo contrário uma imensa calma. Somente tenho medo se devo fazer um disco de piano... porque não sou pianista, e não tenho a técnica na qual me apoiar. Tenho então medo de errar as notas, as passagens. E eu erro!

Décimo Terceiro Encontro
CONVITE À VIAGEM

Claude Rostand – *Você sempre foi, acho, um grande viajante perante Deus. Continuamente percorre o mundo por todos os motivos, obrigações profissionais. Será que estes constantes deslocamentos, estas mudanças de residência, não atrapalham seu trabalho de compositor?*

Darius Milhaud – Pelo contrário, a viagem é uma das coisas mais necessárias à minha imaginação. Tenho uma necessidade constante, e uma curiosidade constante. Gosto de viajar, e preciso viajar. Viajar para qualquer lugar, apesar das inconveniências que isto possa me trazer. É simples, basta que o trem entre em movimento. Pouco importa o objetivo da viagem. Mesmo se atravesso um subúrbio sem interesse, desde que o trem esteja em movimento e que meu horizonte se desloque, fico contente, porque já é a "viagem".

C. R. – *Mas imagino que a partir do momento em que queira descansar, que tenha a possibilidade de escolher, exista a predileção por regiões que vão um pouco além do prazer de se movimentar...?*

D. M. – Ou seja, que há países que me interessam por tudo que neles vejo – independentemente dos museus, dos monumentos etc. Divirto-me. Tudo me agrada; observar as pessoas, as vitrines das lojas, que mais? Tenho interesse pelo teatro, espetáculos do *music-hall*. A comida diferente me diverte.

Nova York, por exemplo! Gosto de Nova York, seus arranha-céus, seu movimento, suas galerias de quadros, as vitrines dos antiquários, as lojas de novidades, seus *Uniprix*, o aspecto das ruas nos diferentes bairros. Gosto também da Califórnia, onde passo longas temporadas, São Francisco, sua baía, suas pontes, seu maravilhoso bairro chinês, a suavidade de seus horizontes, a homogeneidade de seu clima, as colinas atrás de Oakland ou Berkeley, de onde se tem uma maravilhosa vista da baía. Também gostei muito de certas temporadas nas montanhas Rochosas, no Wyoming ou Colorado.

C. R. – *Mas aí, neste continente, imagino que você se sinta, apesar de tudo, no estrangeiro, em um ambiente que não é o seu. Enquanto que na Europa, a Europa latina, particularmente...*

D. M. – Sim, com certeza, tenho atração pelos países latinos. Eles provocam em mim uma reação bastante especial. O Milhaud turista desaparece, porque justamente, aí, não me sinto em casa. A primeira vez que fui a Roma, não fui aos museus correndo nos primeiros dias. Vagava, queria só aproveitar o bom tempo, sentar-me sobre os degraus da Piazza di Spagna. Minhas estadas na Itália, Espanha, Portugal, sempre me encantaram. As ilhas mediterrâneas também, a Córsega, a Sardenha, a Sicília, Malta.

Enfim, os trópicos marcaram-me profundamente. Os dois anos passados no Rio de Janeiro realçaram em mim toda minha latinidade natural, e isto até o paroxismo. O contato com a floresta virgem, seus ruídos noturnos, sua luz tamisada. A estada de um mês no México, em junho de 1946, foi uma verdadeira revelação: os grandes monumentos astecas ou maias, a arte barroca das igrejas ou dos conventos do século XVII ou do século XVIII, a nobreza dos caminhos e a beleza dos indígenas, os coloridos dos azuis e verdes tão doces na paisagem, os grandes mercados indígenas, o charme das ilhas flutuantes de Xochimilco, a visão dantesca da paisagem dramática formada pela lava do vulcão Paricutin, que se elevou um certo dia no meio de um campo de milho, engolindo lentamente uma cidade vizinha cuja torre do relógio da igreja domina a extensão caótica da lava.

De resto, por ser músico, nos países latinos o folclore me atrai mais, sejam as serenatas sardas, o cante jondo espanhol, os viras e fados portugueses, o imenso folclore brasileiro e mexicano que permite pesquisas apaixonantes e achados frutuosos freqüentes.

C. R. – *Mas, como dizíamos a pouco, se fizéssemos um apanhado geral de suas atividades durante a vida, parece que constataríamos que a metade de seu tempo foi passada em navios e nas estradas de ferro. E, por outro lado, sua produção supõe igualmente um total de horas de trabalho admirável. Como você fez para conciliar tudo isto?*

D. M. – Há duas coisas. Primeiramente, ao invés de impedir-me de trabalhar, a viagem permite-me, pelo contrário, fazê-lo. Trabalho maravilhosamente bem em estradas de ferro. Quanto ao navio, muitas de minhas obras foram compostas nos oceanos, Atlântico e Pacífico. Minha quarta sinfonia, principalmente, foi inteiramente escrita durante a viagem São Francisco-Le Havre, pelo canal do Panamá, que durou mais de um mês.

E, depois, em segundo lugar, considero que, normalmente, um artista precisa viajar, precisa das mudanças ocasionadas pelas viagens. É necessário sair de seu meio, de seu país, ver outras caras, conhecer outras civilizações, outros costumes, outras línguas, procurar enriquecer e renovar seu cenário. E diria mais, não basta ao artista uma mudança passageira apenas, turismo, é preciso viver a vida de outros povos, sair de sua própria vida, mudar totalmente. É o que tive a oportunidade em diferentes ocasiões de poder realizar, e foi altamente proveitoso, não somente no plano da curiosidade humana, mas também no plano musical. Não preciso falar sobre a influência que algumas destas viagens tiveram sobre a minha música, a América do Sul em particular.

É por isso, aliás, que acho que o Prêmio Roma é uma excelente instituição.

C. R. – *E não porque lhe ensina a escrever uma cantata solene, e a colocar adequadamente acordes de quarta e sexta...*

D. M. – Isto dito entre parênteses, o Concurso Roma fez progressos. Escreve-se, agora, para o Concurso Roma a música que se quer, com talvez certa prudência diplomática, no entanto... A cantata tem seus textos mais severamente escolhidos no que tange à qualidade, e ela pode ser substituída, se for o caso, por um poema sinfônico. Mas, como dizíamos a pouco, o Prêmio Roma possui a grande virtude de laurear em Roma, estada que, feita nesta época da vida de um jovem artista, é um enriquecimento considerável.

Quanto a mim, não pude tentar este concurso por causa da Guerra de 14. Mas a estada em Roma foi feita no Rio de Janeiro, onde tive a chance de poder partir em missão, precisamente com Claudel. Bem, esta viagem ao Rio foi uma grande mudança que teve uma influência considerável sobre meu desenvolvimento, sobre minha evolução posterior. E esta é, aliás, uma das razões pelas quais gosto tanto das obras que escrevi nesta época, tais como *O Homem e Seu Desejo*, *A Volta do Filho Pródigo* ou minha sonata para piano e instrumentos de sopro.

C. R. – *Mas será a natureza dos países em que você viveu, ou os homens destes países que desempenharam um papel?*

D. M. – Evidentemente, tenho a curiosidade pelos seres humanos, mas é principalmente a natureza, mais especificamente, a paisagem, seus ruídos, seus mistérios que me marcaram.

C. R. – *Há um outro tipo de viagem de que gostaria que me falasse. É a que você faz em sua poltrona, quando está em sua biblioteca: a leitura.*

D. M. – É, na verdade, uma maneira de viajar, que, por sorte, faço um uso relativamente pequeno. Não tenho tempo.

C. R. – *Sem dúvida, hoje estamos todos no mesmo barco. Temos somente muito pouco tempo para ler, além do que nos é diretamente necessário para nosso trabalho. Mas conseguimos tomar um pouco de tempo para o tipo de leitura que mais nos agrada.*

D. M. – Claro, para isto eu também consigo. Quando o faço, favoreço a poesia. Leio muita poesia.
Não chamo ler, bem entendido, percorrer as inumeráveis revistas.
Há determinados períodos que meu braço direito está imobilizado pelo reumatismo, e eu não posso trabalhar. Leio, então, todo o dia: as vidas de homens e mulheres célebres, memórias, livros históricos. Senti uma imensa alegria em ter podido, recentemente, reler *As Memórias de Além-Túmulo* de que muito gostei em minha juventude. Uma longa crise prendeu-me na cama mais de seis meses, permitindo-me – sempre continuando a ensinar e a compor-reler toda a obra de Balzac, do primeiro ao último volume, sem interrupção: experiência extraordinária! Também reli George Sand. É muito fascinante. Sei que, hoje, isto pode parecer bastante curioso, mas adquiri de uma longa convivência com George Sand a convicção de ela ser injustamente esquecida, e parece vir a calhar o belo livro de Maurois: é um notável livro *A Vida de George Sand* em que revive toda uma época e que parece completar sua autobiografia. Gosto de *Mauprat* e sobretudo de *Consuelo*, estes três surpreendentes volumes, a história desta cantora envolvida em todo tipo de aventuras, desde as histórias de

Hussitas até o aparecimento de Haydn jovenzinho, tornando-se valete em Porpora.

C. R. – *É, então, principalmente pelo lado histórico, e conseqüentemente pelo lado humano que você se sente atraído no que diz respeito à leitura, muito mais do que pela ficção – pois se gosta de Balzac, é provalvelmente por que nele se acha abundantemente o histórico no humano e verdadeiro?*

D. M. – Evidentemente. Mas também tenho curiosidade pelos romances contemporâneos, isto é, recentes, publicados depois da última guerra, Sartre, Camus, claro. Mas, infelizmente, não posso ler tudo. É verdade que sou auxiliado neste domínio por minha esposa, principalmente em nossas noites californianas freqüentemente solitárias. Como ela lê muito, há muitos livros que ela me conta, outros que me lê as passagens essenciais.

C. R. – *Talvez, inconscientemente, nestas leituras você espere encontrar um tema para ópera... Nenhuma leitura, então, é feita gratuitamente? Nenhum romance policial, por exemplo, no trem ou quando está gripado?*

D. M. – Nenhum romance policial! De jeito nenhum! Aborrece-me... Mas, por outro lado, gosto de ler peças de teatro. Isto me relaxa, principalmente as peças cômicas. Li cem vezes *Labicha*. Também gosto de saber o que está em cartaz em Paris, e como minha saúde permite raramente eu ir ao teatro, leio tudo que se produz. Isto me diverte e me acalma. Rir repousa-me, é por isso que gosto de ir ao cinema ver filmes absurdos. Na ocasião em que apresentávamos *O Boi em cima do Telhado* com os Fratellini, eles me deram sua fotografia, a fotografia de seu ilustre trio, na qual escreveram: "O riso faz bem à saúde". Acrescentaria: à saúde moral também!

Décimo Quarto Encontro
SCHOENBERG E O DODECAFONISMO

Claude Rostand – *Chegamos hoje à grande questão do dia, questão que considero, no que se refere a mim, como um dos problemas mais importantes de nossa época musical: o Dodecafonismo, assunto sobre o qual reina atualmente uma certa confusão devida, em grande parte, ao desencadeamento, de uma parte e de outra, de paixões sectárias.*

Darius Milhaud – É, na verdade, um assunto de peso e, se quisermos tratá-lo detalhadamente em todos os seus aspectos, exigirá mais do que um breve encontro como este. Pergunte-me o que quiser, pois tenho muito a falar sobre isto, desprovido de paixões sectárias, como você poderá logo constatar.

C. R. – *Acho que poderíamos dividir o problema em duas partes: Schoenberg, de um lado, e a escola schoenberguiana, de outro, por serem coisas diferentes. Ora, você é um dos raros, talvez o único músico francês, a ter conhecido bem o Schoenberg de antes, nos anos 20, e mais recentemente, durante seu período americano, nos anos 1940-1950 que precedem sua morte. Você tem, então, condições, pelas conversas que teve com ele nas duas fases de sua evolução, de constatar o que representa, no seu conjunto, o fenômeno Schoenberg, para a história da música.*

D. M. – Conheci bem Schoenberg, na verdade. Vi-o pela última vez em Hollywood, em dezembro de 1950. Cada vez que tinha que passar por esta cidade, nunca deixava de entrar em contato com ele.

Sempre tive por ele uma grande admiração, um grande respeito e uma profunda amizade. E mesmo que nossas tendências musicais fossem completamente diferentes, tínhamos pelo menos o amor pela música em comum.

Em 1910, quando cheguei de Aix em Paris para fazer meus estudos musicais, tomei conhecimento das primeiras obras musicais de Schoenberg, as pequenas peças para piano. Logo fiquei seduzido, muito interessado. Lógico que isso parecia um pouco assustador para o jovem estudante que era então. Essa linguagem inteiramente nova me parecia cheia de possibilidades desconhecidas, mas diferia tão radicalmente do que estava acostumado, de tudo que gostava e que estava na base de minha formação musical, principalmente *Boris Godunov* e *Pelléas*! O que acima de tudo me interessou nestas pequenas peças para piano foi a liberdade que esta música testemunhava em relação à tonalidade. Isto realmente me fascinava, ainda que não me sentisse em casa neste universo sonoro saído essencialmente do cromatismo alemão, enquanto que eu me sentia pertencer à tradição latina que parece ir, não do cromatismo à tonalidade, mas da tonalidade à politonalidade.

Um pouco mais tarde, descobri as outras obras de Schoenberg, em particular seu segundo quarteto, depois suas melodias, *Pierrot Lunaire* etc. E um belo dia, em 1921, após o fim das hostilidades, tive a ocasião de conhecer o próprio compositor. Com Maria Freund e Poulenc, fomos a Viena para dar concertos de música francesa. Viena estava, então, nos dias sombrios da inflação e da miséria. Poulenc e eu fomos a Mödling, nos arredores da capital onde se encontrava a casa de Schoenberg. Queríamos dizer-lhe de nossa admiração, e juntos discutirmos a evolução da música em Paris e em Viena. As paredes de sua casa estavam cobertas com suas próprias pinturas: rostos e olhos, olhos por toda parte! O expressionismo florescia então por toda a Europa Central com pintores como Kokoschka. Schoenberg vivia aí, com muita simplicidade, ainda pouco conhecido, entre sua mulher e seus dois filhos. Aí encontramos também seus alunos, Berg, Webern, Wellezs, e conversamos assim longamente sobre a linguagem nova que Schoenberg de algum modo acabava de codificar.

Encontrei-o novamente alguns anos mais tarde em Berlim, onde ensinava e onde eu vinha para os ensaios de *Cristóvão Colombo*.

Com a chegada de Hitler, ele partiu para a América onde o encontrei nos anos 40. Era, então, professor em Los Angeles, e pude constatar as magníficas aulas que dava a seus alunos. Aí, aprendi a conhecê-lo melhor.

C. R. – *Diz-se, com freqüência, que Schoenberg gostava de Satie. Isto não seria surpreendente?*

D. M. – De jeito nenhum! E isto prova a que ponto Schoenberg amava a música. E amando a música, por que não amaria Satie? Amava verdadeiramente a música *de amor*. Cultuava sem restrições a obra de Gustav Mahler.

C. R. – *E em relação a si próprio, como era, como se julgava?*

D. M. – Ele conhecia seu imenso valor. Tinha consciência do que havia trazido para a música. Mas isso sem orgulho despropositado; ao contrário, julgava-se com modéstia, mas com uma singular clarividência, como o testemunha esta sua frase que recolhi: "A segunda metade deste século arruinará, por superestimar, tudo o que é bom em mim, e que a primeira metade, por subestimar, deixou intacto".

Há uma coisa que sempre falava e que admirava, a amizade fiel que certos compositores franceses tiveram uns pelos outros. Fazia ainda alusão, em uma carta, que me enviou em 1949, respondendo aos votos de feliz aniversário por ocasião de seus setenta e cinco anos. Eis a carta: "Caro amigo, escrevia ele, sempre censurei, ao falar de compositores alemães ou americanos, a falta de camaradagem entre eles, pois eles tendem, antes de tudo, a se aproximar por inveja. Ao contrário, freqüentemente citei como exemplo os artistas franceses pela forma como dão ao mundo como modelo de sua atitude não egoísta e amistosa em relação aos seus colegas. Eles dão, sem dúvida, conta dos méritos mais ou menos grandes de cada um deles, sabem também quem é superior; mas isto não limita sua amizade e sua camaradagem, além disso, exclui a degradante idéia da competição". Você vê que...

C. R. – *Mas você não lê o que se segue, que penso ser-lhe destinado, e que, se sua modéstia permitir, gostaria de ver: "Eis, acrescenta Schoenberg, o que sempre gostei em sua personalidade: a dignidade profundamente enraizada de um homem que conhece seu valor, e que, exatamente por isso, pode ser justo para com os outros".*

D. M. – Se ele foi um homem sensível que possuía um coração, havia também um outro aspecto de sua personagem, o humor desapaixonado. Posso ilustrar isto com uma anedota, uma fala bastante engraçada que disse um dia. Ao voltar da França, eu dizia que agora existia entre nós, desde a última guerra, uma escola dodecafonista bastante florescente, mas de princípios bastante rígidos do ponto de vista do método serialista. "*Ach, so*! disse ele muito interessado, será que também usam música nela?"

C. R. – *Realmente, é muito engraçado e é também uma prova de sua clarividência, de sua falta de fanatismo.*

Mas veja a transição encontrada para passar a estes jovens dodecafonistas. Você que, por suas funções de professor de composição no Conservatório Nacional, pode estar em contato com alguns deles, e pode compreender me-

*lhor que ninguém as reações destes jovens compositores,
tendo, então, uma base de julgamento, ao mesmo tempo,
teórico e prático da questão, o que pensa deste nascimento
tardio do dodecafonismo na França? Concorda com Frank
Martin, antigo dodecafonista rigoroso, mas um pouco após-
tata, que diz que a música somente poderá se beneficiar,
verdadeiramente, dos enriquecimentos trazidos pela técnica
de Schoenberg na medida em que estas disciplinas não em-
pobreçam, na mesma proporção, o espírito do compositor
de todas as riquezas que foram acumuladas durante séculos
de pesquisas e achados; que cada um deve moldar esta
técnica conforme seu temperamento, e guardar frente a estas regras uma completa liberdade de ação, reservar-se o
direito de violá-la no todo ou em parte quando o espírito
exigir... São propostas que devem arrepiar os cabelos de
nossos jovens fanáticos. Mas você não acha que é exatamente neste espírito que se acha a verdadeira contribuição
do dodecafonismo, como aliás de qualquer outra técnica?*

D. M. – Antes de tudo, não tenho nenhum dodecafonista na minha classe do Conservatório. Mas isso de forma
nenhuma me incomodaria. Inspirar-me-ia na idéia de
Schoenberg para exigir desta "nota dissonante" uma técnica
não dodecafonista ainda mais aprofundada; pois Schoenberg insiste com todas as forças sobre o fato de que um
jovem músico não pode, não deve utilizar a técnica serial
antes de ter à sua disposição uma formidável técnica não-
serial. Veja o que ele falava sobre isto. É um texto extraído
de uma carta que Schoenberg enviou em maio de 1951 a
muitos colegas e universidades, objetivando fazer vir da
Alemanha, para uma série de conferências, M. Rufer, que
foi, de 1925 a 1933, seu assistente na Academia de Artes
de Berlim. "Pelo fato da composição, diz ele, com os doze
tons ter suscitado tamanho interesse na maioria dos compositores não iniciantes em nossos dias, mas isto sobre uma
base de falsa expressão e de erro, gostaria que M. Rufer
explicasse o que constitui a verdade de meu método. Estou
certo de que ele poderia advertir os principiantes para que
não começassem com esta técnica extremamente difícil an-

tes de ter adquirido a possibilidade de tratar todas as formas
musicais com lógica e coerência em todas as variedades de
seus gêneros."

C. R. – *Esta é, na verdade, uma declaração muito preciosa. Mas não acho que nossos jovens dodecafonistas não possuam esta informação básica que Schoenberg exige. Eles são irrepreensíveis quanto a isto. Pelo menos a maioria. Mas é a sua ortodoxia impiedosa que é inquietante.*

D. M. – Justamente, e é aí que Frank Martin tem razão.

Por outro lado, é certo que um compositor de talento se expressará tão bem no dodecafonismo quanto em qualquer outro estilo se este corresponder a seu temperamento. Veja a *Suíte Lírica* de Berg! O rigor não impede o arrebatamento. Mas é sumamente necessário que a técnica não seja a única coisa aparente. As fugas invertidas da *Oferenda Musical* de Bach não são menos belas por causa dos artifícios de escrita que utilizam. E, em *Wozzeck*, não é surpreendente constatar que todas as formas da música sinfônica se sucedem: suíte, rapsódia, marcha militar, *berceuse*, passacalia, rondó, *scherzo*, invenções (sobre um tema, sobre um tom, sobre um ritmo, sobre um ré menor, sobre a persistência de um ritmo etc.)? Bem, o todo constitui antes de mais nada uma obra lírica e dramática.

C. R. – *Mas você não se sente tocado pela forma tão personalista, tão nacionalista que, inesperadamente, hoje o dodecafonismo assume? Esta é uma coisa que me ficou muito clara no último Festival de Música Contemporânea de Donaueschingen, onde se encontraram os principais dodecafonistas da atualidade?*

D. M. – Na verdade, a coisa é bastante curiosa. Até seu impulso recente e universal, podia-se pensar que o dodecafonismo era – o que de resto é verdade – o ápice do cromatismo wagneriano, como há pouco dizia. Podia-se pensar que não era nada além disso. Ao lado da gama diatônica que aparecia como sendo a base da música tonal, a gama cromática parecia ser a única a levar à tonalidade, e somente a ela. Sendo o ápice do cromatismo wagneriano, a tradição atonal estava, parece, ligada à música da Europa Central, e reveladora deste caráter de expressionismo enraizado na tradição germânica. Mas desde então, viu-se, na verdade, compositores latinos – como Dallapiccola, para citar somente ele – tornarem-se dodecafonistas ardentes. Bem, como você observou, sua música não soa como a dos "Mittel-europeus". Ela mantém a claridade latina. Algumas obras de jovens franceses soam para mim como um Ravel ou um Roussel deformado – para o ouvido, como um espelho deformador altera uma silhueta.

O futuro nos dirá se nossos jovens dodecafonistas ficarão fiéis a esta disciplina, ou se experimentarão a necessidade de alargar seus horizontes musicais. Pois é evidente que eles se privam de meios de expressão, limitam sua imaginação, paralisam sua fantasia. Se apesar disto fazem obras de arte, sorte deles...

Décimo Quinto Encontro
EM QUE PENSAM OS JOVENS DE HOJE?

Claude Rostand – *Falamos no outro dia sobre o dodecafonismo que talvez não seja, sem dúvida, a invenção mais recente da história da música, mas que mesmo assim é agora uma das patrulhas mais avançadas da técnica musical. Conseqüentemente, para o jovem, para o aprendiz de compositor, oferecem-se hoje todo um conjunto de meios de expressão extremamente ricos, diversos, um certo número de linguagens em que umas são parentes entre si, e as outras somente têm em comum raízes muito distantes: desde a secular tonalidade no seio do sistema diatônico, até este dodecafonismo aplicado no método serial, mesmo a música concreta, passando pela politonalidade, a atonalidade simples, a velha modalidade reencontrada e muito vigorosamente renascente, sem contar as possibilidades de novos fracionamentos do tom (quarto de tom etc.) e a eventualidade de combinar entre si, de mil maneiras, estas diferentes linguagens.*

Gostaria de perguntar hoje qual é sua sensação, seu sentimento em relação às reações da geração jovem ante os múltiplos problemas que lhes são colocados, já que você que por sua função como professor de composição, tanto no Conservatório Nacional na França quanto no Mills College nos Estados Unidos, está em contato íntimo com a geração jovem. No plano geral, na sua opinião, qual é a atitude frente aos problemas da arte nas atuais circunstâncias e quais são suas tendências em relação a estes diferentes sistemas de expressão que lhes são oferecidos?

Darius Milhaud – É, na verdade, um problema muito interessante, aliás, tão complexo quanto interessante. Primeiramente, é preciso distinguir os jovens franceses dos jovens americanos. Pois você pode facilmente imaginar que as reações são bastante diferentes em um caso e no outro. Evidentemente, posso somente falar me baseando em um terreno de experiência relativamente restrito: minhas turmas de Paris e de Mills, nas quais vejo desfilar a cada ano, no primeiro caso, uns quinze alunos e alguns ouvintes e, no segundo, uma maioria de moças e somente alguns rapazes.

De uma maneira geral, ou seja, no que se refere à atitude ante os problemas da arte, da estética, os jovens músicos dos dois países, como em qualquer outro lugar, seguem, naturalmente, sua tradição nacional, mas se sentem em uma encruzilhada em que as soluções e as influências mais diversas, mais contraditórias – como as que enumerou há pouco – servem como indicações... e tendências. Isto supõe, então um mestre, mestres que tenham a consciência exata de seu dever, de seu papel. E este papel delicado é, antes de tudo, tentar compreendê-los, ajudá-los a *se encontrarem*, tentar desenvolver sua personalidade, e principalmente *dar-lhes confiança em si mesmos*. Pelo menos, é assim que concebo as coisas.

Quanto a mim, esforço-me para evitar dar-lhes uma "etiqueta Milhaud". Seria lamentável, e completamente contrário ao que penso, pois respeito muitíssimo qualquer forma de expressão individual.

C. R. – *Você procura, então, ficar no lugar deles, na pele deles com sua experiência?*

D. M. – Sim, digo para mim, o que faria para melhorar tal linha melódica *se fosse fulano*? Tento adverti-los para que mantenham a unidade do estilo, a leveza da melodia, e sobretudo, o senso das proporções, a percepção dos desenvolvimentos inúteis para permitir-lhes que os evitem, mantenham somente o essencial e saibam se desfazer do supérfluo, da verborragia.

C. R. – *E com relação à escolha, para cada um, de uma linguagem?*

D. M. – É preciso nunca forçar sua natureza. Evitar, principalmente, que eles usem sistematicamente dissonâncias com medo de não parecerem *modernos* (palavra que destesto). Se têm inclinação para escrever música atonal, é preciso ajudá-los neste sentido. Gide disse muito bem: "É preciso levar até o fim as idéias que se tem".

Por outro lado, se outros têm talento para escrever música leve, não se deve fazê-los trabalhar na grandiloqüência, mas, pelo contrário, ajudá-los a não caírem na banalidade, na facilidade, no vazio comerciais; sugerir-lhes o contato com Chabrier ou Messager, por exemplo, reatar com uma tradição, em que a elegância das modulações, o charme, a invenção melódica podem contribuir para a renovação deste gênero de música. Diria mesmo que procuro naturalmente os alunos dotados para a opereta. Aliás, é um elemento bastante divertido para uma classe, pois isto significa um relaxamento depois de estudar por muito tempo obras sempre duras, graves, dramáticas. Pois, infelizmente, uma coisa que constato sempre entre os jovens é que, seja sob a influência rítmica convulsiva de um Bartók, seja sob a do contraponto de um Hindemith, ou do expressionismo schoenberguiano, *o charme* é uma virtude em extinção.

C. R. – *Os jovens, na verdade, parecem seduzidos por estes grandes nomes, e com razão. Mas qual contrapeso, qual antídoto, na sua opinião, podemos aconselhar-lhes, não para fazê-los renegar os primeiros amores mais que honrados, mas para permitir-lhes ampliar os horizontes?*

D. M. – Não é isto que falta. A influência, sadia do ponto de vista do movimento, de um Roussel, por exemplo, ou então este fechamento tonal que vem das últimas obras de Stravinski, oferecem as melhores possibilidades para estabelecer uma natureza hesitante, dar-lhe a faculdade de se emocionar; as melodias, e em geral as últimas obras de Fauré, tão ternas e ao mesmo tempo tão despojadas, em que o charme da modulação nos traz uma profunda vibração ao coração, são igualmente excelentes neste sentido. Fico, por vezes, um pouco desconcertado, como há pouco dizia, em ver, nos trabalhos dos alunos, como são poucas as obras que possuem charme, alegria ou truculência. Vamos, então, rever um período em que a música profunda, e quase sempre desenvolvida demais, vai retomar o passo? Em relação a mim, nunca deixo de lembrar isto: é falso que a profundidade de uma obra está em razão direta com o aborrecimento que ela causa! Pessoalmente, nunca pensei assim. Mas é preciso dizer, pois, às vezes... isto poderia parecer verdadeiro!

C. R. – *E com relação ao trabalho de orquestração, será que a variedade dos diferentes temperamentos não torna o ensino difícil?*

D. M. – Não, o que, justamente, me agrada em minha classe no Conservatório é esta diversidade no temperamento de minhas "crianças". Com a orquestração acontece sempre a mesma coisa. Após tê-los introduzidos nos textos clássicos – Mozart, Beethoven, Schubert, Debussy etc. – é preciso fazê-los encontrar sua própria expressão orquestral, sua cor sonora, sua escolha de timbres, seu equilíbrio, seja através dos sons puros ou dos artificiais, isso é com eles.

De forma alguma orquestrações padronizadas! E a coisa é muito mais fácil do que poderíamos acreditar. É preciso, na verdade, não esquecer que os alunos do Conservatório são aceitos mediante concurso, e que com a centralização em Paris, o Conservatório é *a* grande escola do país.

Os que passaram pelo crivo do concurso (já que o número de alunos é limitado) são, então, o *nec plus ultra* do país. Quando chegam às turmas de composição, já estudaram com profundidade – é o que deles se espera – harmonia, contraponto, fuga. Em geral, são todos, ou quase todos, técnicos prontos. Às vezes, é preciso mesmo incitá-los a assegurar mais frescor em suas composições, que tentem esquecer um pouco do que sabem para evitar cair na armadilha de uma música convencional.

Dito isto, é melhor que saibam demais do que de menos!

Acho, também, que devem conhecer muitas músicas. Quando era estudante, Gédalge pediu-me para dedicar duas ou três horas por dia à leitura de partituras na Biblioteca do Conservatório. Fiz isto durante vários anos, e foi muito proveitoso para mim. E tenho a impressão de que muitos músicos jovens também procedem assim.

C. R. – *E agora eles têm mais chance que em seu tempo: têm hoje o disco e o rádio que neste sentido devem ser de grande utilidade...?*

D. M. – Sim, naturalmente, mas se não tiverem à disposição uma importante discoteca, nada substituirá o trabalho de leitura na biblioteca. É a forma mais segura de enriquecer o espírito.

Infelizmente, isto toma tempo de lazer, e a juventude atual – vejo isto todos os dias – tem uma vida muito dura. Ela deve se submeter a toda sorte de serviço para viver, e para viver mal. E ficamos espantados que estas crianças não possam fornecer o trabalho intensivo que pedimos a elas. As bolsas são raras, assim como os auxílios eventuais da Unesco, do Clube de ensaio da rádio ou dos mecenas...

C. R. – *É esta, imagino, a vantagem dos estudantes americanos?*

D. M. – Não acredite nisto. Não dá para pensar que o problema da vida difícil não se coloca para os estudantes americanos. A corrida para o *job* não é cômoda. Mas há tantas escolas, universidades que as possibilidades são maiores. Se bem que o número de músicos neste país imenso é evidentemente proporcional.

O princípio de ensino da música é praticado em uma base bastante diferente da nossa. Primeiramente, há poucas escolas de música *especializadas*, pois esta arte faz parte do ensino geral. Em cada escola, colégio ou universidade, há um departamento de música com, na maioria das vezes, uma biblioteca e uma discoteca notáveis.

Há também uma coisa muito interessante, são os cursos de escuta musical. Principalmente para as crianças, isto é muito útil: tocam-se discos de todas as épocas com uma pequena explicação compreendendo uma biografia do compositor, sua situação na época etc. O espírito crítico é aguçado, a curiosidade é ativada. Mais tarde, tem-se melhores condições para seguir cursos de história da música que são muito completos e ilustrados por númerosas audições de discos que se seguem nas partituras.

C. R. – *O colégio de Mills, onde você dá aulas, está organizado desta maneira?*

D. M. – Mills é um pequeno colégio de moças, com, no entanto, alguns rapazes para os estudos avançados. Ensina-se a história da música com profundidade e, normalmente, harmonia, contraponto e orquestração. Para os mais velhos, a fuga e a composição. Mas também ensinei em outros lugares bem diferentes. Em Tanglewood, primeiramente, que é uma escola de verão fundada por Koussevitzki, e que atualmente é dirigida por Aaron Copland e Leonard Bernstein. Compositores como Messiaen, Honegger, Ibert, Hindemith, Martinu, Dallapiccola trabalharam nela. Dei aulas na Music Academy of the West ao lado de Schoenberg, Ernest Bloch e Roy Harris; finalmente, na Universidade do Wyoming, em Aspen no Colorado e na Universidade da Califórnia em Los Angeles. Nesta última cidade – em que vou aproximadamente a cada dois anos para uma estada de uma semana para examinar os trabalhos dos alunos e dar conferências –, encontro uma juventude viva e estusiasta, dotada, animada por um frescor que provavelmente vem do fato de não pesar sobre seus ombros seis séculos de tradições.

C. R. – *Isto é bom ou é mau? Deve ser difícil de responder. Mas, além disto, a juventude, como acontece na França, está sujeita a prestar concursos para desfrutar deste ensino de luxo – ou que pode parecer ser assim?*

D. M. – Não, justamente, não há concurso de entrada, e o número de alunos não é limitado. Sem dúvida, poucos terão uma formação técnica, a ciência aprofundada que se encontra nos estudantes das classes do Conservatório de Paris. Uma seleção tão rigorosa não é praticada nos Estados Unidos. O espírito deste ensino, como disse, é bem diferente. Alguns ramos do ensino talvez sejam superficiais, a fuga, por exemplo. Mas, por outro lado, há uma coisa que não encontramos em nosso país, é este ensino espalhado por *todas* as escolas. Vemos em cidades perdidas crianças fazerem exercícios de contraponto no quadro negro. E nas universidades imensas, que têm por vezes quinze ou vinte mil estudantes, é fácil constituir uma orquestra e coros impecáveis. Graças a isto são montadas pequenas obras líricas antigas, de Purcell ou de Haydn por exemplo, ou partituras contemporâneas. Tudo isto sai da rotina e do dia-a-dia dos programas, sendo muito simpático e interessante.

C. R. – *Mas será que todo este ensino teórico conduz a uma prática tão generalizada?*

D. M. – Sim, quase tão generalizada. Pois, ao lado dos estudos históricos e técnicos, cada aluno trabalha ao menos um instrumento. Não é raro, inclusive, encontrar quem pratique vários instrumentos de sopro.

Mas voltando ao que falávamos há pouco sobre a dificuldade da vida material dos jovens na América, citarei um detalhe bastante característico: durante os anos de colégio ou de universidade, o estudante deve, com freqüência, encontrar um trabalho qualquer. Mas na maioria das vezes ele encontra no próprio quadro de seu estabelecimento de ensino: trabalhos de cópia, permanência na biblioteca, e de uma maneira mais ampla, ajudante de jardineiro, servente, auxiliar de cozinha etc. Pode, assim, sem correr de um lugar para outro, centralizar seu trabalho, tão múltiplo quanto possa ser. E há também muitas bolsas.

C. R. – *Mas do ponto de vista das preocupações, das tendências estéticas, há dominantes?*

D. M. – Não mais que entre nós. As influências estão sob fogo cruzado: dodecafonistas *alla* Webern, neoclássicos *alla* Stravinski, convulsionários *alla* Bartók, e uma mistura de Hindemith e Prokofiev...

C. R. – *Sem muitas influências francesas no geral?*

D. M. – Sim, apesar de tudo! E uma influência que vai parecer, talvez, bastante inesperada, mas que considero muito importante, e que é uma grande honra para nosso país – ao mesmo tempo que é um grande prazer para mim mesmo: a pureza e o despojamento de Satie se expandem pouco a pouco em numerosos meios americanos, docemente, sem barulho... "As revoluções vêm a passo de pomba..."

Décimo Sexto Encontro
A MÚSICA DE CENA

Claude Rostand – *Ao consultar o catálogo de suas obras, percebo que dele constam mais de cinqüenta partituras de músicas de cena e de filme. Mas principalmente música de cena, desde* Les Mariés de la Tour Eiffel, *de memória ilustre e heróica, até a partitura escrita em 1952 para o* Cristóvão Colombo *de Claudel com J.-L. Barrault. Imagino que uma experiência tão importante no que se refere a um gênero musical tão especial, tão particular, deve ter feito surgir em você uma concepção igualmente particular da música de cena, que você deve, mais ou menos voluntariamente, ter-se forjado certos princípios?*

Darius Milhaud – Bem, além de não ser, como você sabe, amigo de sistemas nem de princípios, a música de cena, mais ainda que o balé, é provavelmente um dos domínios em que o músico está menos livre para aplicar concepções pessoais.

No teatro, o mestre para Deus é o diretor. E o músico está sujeito a este último, assim como o estão o eletricista e o cenógrafo.

A missão do músico está, aliás, muito próxima da do eletricista que manipula seus projetores. Nós enviamos projetores sonoros em determinadas circunstâncias que nos são indicadas pelo diretor. Mas a coisa não é tão simples quanto podemos supor, por causa da minutagem que nos é imposta. Para o músico não se trata de desligar um botão, ou um reostato. Uma lógica musical arquitetônica deve permanecer em cada um dos pequenos fragmentos de música que nos são pedidos.

C. R. – *Foi principalmente com Charles Dullin, creio, que você teve mais freqüentemente a chance – e a mais antiga – de trabalhar esta questão da música de cena?*

D. M. – Sim, com o grande Dullin. E com ele aprendi muito. Não somente por causa de sua genialidade como diretor, mas também graças à ginástica verdadeiramente acrobática à qual por vezes me submeteu.

Você sabe o que é uma véspera de ensaio geral em um teatro, e conhece o clima de enlouquecimento e catástrofe que sempre está presente. Percebemos que nada funciona, que está tudo errado. Dullin no último ensaio tentava consertar as infelicidades levando em conta o que havia sido combinado anteriormente. E depois, quando tínhamos trabalhado com afinco até meia-noite, decidia, de repente, mudar tudo, questionar tudo. Então trabalhávamos até oito horas da manhã... cada um em seu campo! Você imagina que nestas condições, o trabalho, já delicado, do músico não ficava facilitado.

Mas era um exercício excelente de mestria.

C. R. – *E o que exatamente Dullin pedia? Como concebia a intervenção musical?*

D. M. – Para ele – e sempre concordei com ele nisto – a música tinha um papel bem definido. Nada era deixado ao acaso.

Servia, primeiramente, para marcar uma entrada, exatamente como um projetor, mas com a exigência suplementar de que a música deve evocar psicológica ou sentimentalmente a personagem que entra ou que vai entrar. Em segundo lugar, ela servia para criar um clima, uma atmosfera, por trás de uma passagem qualquer do texto: aqui, então, papel de cenário, cenário sonoro. Podia também intervir a título de elemento dinâmico para sustentar ou amplificar um movimento dramático, dar-lhe mais intensidade. Finalmente, podia acontecer só, a título de ligação entre duas cenas, durante uma mudança, sob forma de interlúdios mais ou menos longos.

Como pode ver, eram papéis modestos, mas bem definidos e essenciais.

C. R. – *Mas esta concepção do diretor onipotente não é perigosa para a utilização da música de cena depois por um outro diretor?*

D. M. – Sim! E é isto que dá a este trabalho um caráter bastante ingrato. Temos muito trabalho para realizar coisas extremamente difíceis com o primeiro diretor que pede que nos conformemos a exigências muito precisas – como as que me pediu Barrault para o *Cristóvão Colombo* de Claudel, por exemplo –, e em seguida se a obra é montada por um outro diretor, é preciso começar tudo novamente; a música quase sempre se torna inutilizável, pois nenhum destes pequenos detalhes precisos funcionará.

Este é o lado efêmero deste trabalho que é muito ingrato, e que causa muita decepção. Imagine, retomando o exemplo do *Cristóvão Colombo* com Barrault, que eu escrevi uma partitura de 150 páginas de orquestra. Veja quanto trabalho para uma empreitada tão frágil no tempo!

C. R. – *Mas de qualquer forma esta música não pode estar perdida para você?*

D. M. – Não esteja tão certo! Muitas músicas encontram-se desta forma perdidas. Na maioria das vezes é muito difícil reutilizar tais trechos. Há exceções, lógico. Veja, por exemplo, quando Jouvet, durante a guerra, fazia sua grande turnê pela América do Sul, escreveu-me nos Estados Unidos para encomendar-me uma música de cena para *L'Annonce Faite à Marie*. Eu a fiz e lhe mandei. Mas ela chegou muito tarde, com vários meses de atraso – isto porque a censura, naquele tempo, era muito minuciosa, e as notas musicais facilmente passavam por planos de armas secretas...

Além disso, o texto latino também não era apropriado para dar confiança aos funcionários da censura. Em resumo, esta música jamais serviu sob esta forma. Mas pude, em seguida, fazer meus *Nove Prelúdios para Órgão* e as *Cinco Orações*. Entretanto, repito, é um caso excepcional.

A obrigação que o músico tem de refazer sua partitura cada vez que a obra for remontada em épocas diferentes, é o de menos – como acabo de dizer, fiz duas músicas de cena para *L'Annonce Faite à Marie*; e tive de refazer três vezes a música de *Proteu*; e um quarto remodelamento me espera já que Jany Holt vai montá-la com uma apresentação diferente das anteriores.

C. R. – *Mas imagino que neste campo, com efeito, um pouco ingrato, da música de cena, não haja somente decepções. Será que determinada partitura, às vezes, não estaria na origem de uma outra obra mais importante, o germe de uma grande obra?*

D. M. – Sim, felizmente, isto pode acontecer. Acontece de começarmos por uma peça e acabarmos por uma ópera. Foi o que aconteceu com Honegger com *Antígone* de Jean Cocteau: sua partitura de cena para harpa e oboé, aliás uma partitura notável, tornou-se a ópera que foi montada este ano.

No que se refere a mim, o mesmo aconteceu comigo em *Bolívar*. A partitura da música que havia escrito para Supervielle quando foi representada na *Comédie-Française*, tornou-se a grande ópera – três horas de música – que você conhece.

Este é o lado agradável da questão!

C. R. – *Mas quando o contrário acontece? Por exemplo, no caso de* Cristóvão Colombo *de que falava há pouco, e que foi uma de suas maiores partituras líricas, e agora reduzida ao estado de música de cena?*

D. M. – Não a "reduzi" ao estado de música de cena – e insisto nisto –, pois no que acabo de fazer para Barrault, não fiz uso de uma só nota, de um só tema de minha partitura original. Teria, neste caso, a impressão de me roubar, ou de me trair.

Bem, ainda aí, foi um trabalho muito ingrato e difícil. Eis um texto, o *Cristóvão Colombo* de Claudel, sobre o qual trabalhei já por muito tempo, em que pus tudo que podia, em que senti ter colocado o melhor de mim, para construir uma grande obra lírica à qual estou profundamente ligado. E agora, sob a direção de Barrault, precisei repensar tudo isto, sempre com um espírito muito diferente do que concebera anteriormente. Imagine a dificuldade que há, desta maneira, em assimilar novamente "a fundo" uma coisa na qual já se trabalhou. Ainda mais que aqui, Barrault procurou principalmente colocar em relevo o lirismo do verbo claudeliano – do verbo falado, bem entendido –, o que deixa um pouco a música em segundo plano, como uma música de cinema. Além disso, encontrei-me frente a determinados problemas técnicos bastante difíceis de serem resolvidos: eram muito grandes as possibilidades sonoras de que dispunha na ópera de *Cristóvão Colombo*. Mas aqui, por exemplo, veja a dificuldade que há em evocar uma tempestade com dez instrumentos e um coro que somente podemos fazer cantar em uníssono já que se trata de atores que podem ter somente noções musicais muito rudimentares.

Conseqüentemente, fora da ginástica puramente técnica à qual este gênero de trabalho me obriga, é uma coisa que provavelmente será estéril, improdutiva do ponto de vista musical. Mas as interessantes idéias de J.-L. Barrault valem este sacrifício!...

C. R. – *Você falava há pouco da dificuldade dos problemas que lhe são colocados do ponto de vista do material sonoro (atores que precisam cantar, orquestras muito reduzidas etc.); não seria, então, preferível utilizar discos que permitiriam evitar estes inconvenientes, e não ter a cada noite esta carga bastante pesada de uma orquestra e de um coro? Como com Jouvet, quase sempre são utilizados discos.*

D. M. – Este é um sistema que condeno totalmente. E Dullin era da mesma opinião. Primeiramente, porque no final de vinte e cinco representações os discos estavam geralmente inaudíveis. E depois nunca há relação entre o volume e a cor das vozes dos atores que se ouve, se ouso dizer, "ao vivo", e o que sai pelo alto-falante. Sempre há um desequilíbrio. Além disso, o alto-falante tem sempre algo de anônimo, de impessoal; falta a presença, e eu observei que não o escutamos. Alguns músicos, mesmo não tão bons, mesmo menos numerosos, são muito mais preferíveis, pelo simples fato da impressão da "presença" que dão ao público. Eles realmente formam um corpo com o espetáculo.

Décimo Sétimo Encontro
ISRAEL

Claude Rostand – *Durante o nosso primeiro encontro, você disse algo assim: "Coloco à parte minhas obras de inspiração religiosa". Falávamos, neste dia, do conjunto de sua produção, de suas "raízes", de suas principais fontes de inspiração. Será que tem realmente sentido fazer uma separação tão clara entre suas produções profanas (óperas, sonatas etc.) e suas obras religiosas, ou de inspiração religiosa?*

Darius Milhaud – No plano da linguagem musical, claro que não! Não há razão, *a priori*, de mudar o vocabulário. Veja Verdi, veja Berlioz, veja... quem mais? Poulenc, de quem falamos justamente neste primeiro encontro, e principalmente Beethoven com sua *Missa em Ré*. É natural que cada um continue a se expressar em sua linguagem pessoal.

C. R. – *Conseqüentemente, a distinção que você sugere é puramente de... classificação, posso dizer. Mas, classifi-*

cação por classificação, não poderíamos fazer uma outra, no seio destas obras religiosas? Por um lado, as partituras de inspiração sagrada, mas sem um destino ritual como os Poemas Judaicos, *ou a* Sagesse, *ou sua* Cantata Nupcial, *por exemplo; e por outro, as obras expressamente destinadas ao culto como suas* Liturgies Comtadines *ou seu* Serviço Sagrado.

D. M. – Como quiser. E, justamente, nas obras da primeira categoria expresso-me com total liberdade, ou seja, utilizando idéias musicais originais que me parecem corresponder à expressão do texto. Enquanto que para as obras destinadas à utilização no templo durante uma cerimônia cultual, chego a emprestar elementos dos antigos fundos musicais litúrgicos, exatamente como acontece com determinados músicos da jovem escola dos organistas franceses, Duruflé, Litaize, Jehan Alain, Langlais... que tomam emprestado determinados elementos temáticos, determinados desenhos melódicos do gregoriano, e os utilizam com uma cor, uma luz pessoais.

C. R. – *É, aliás, surpreendente em relação a isto constatar como, no* Serviço Sagrado, *o provençal que está em você se manifesta também de uma maneira característica. E é aí que encontramos a ilustração da primeira frase de suas* Memórias: *"Sou um francês da Provença e de religião israelita".*

D. M. – É efetivamente um encontro, se quiser. Mas, a propósito desta frase de minhas *Memórias* que você cita, posso assinalar um outro encontro que muito me surpreendeu, encontro absolutamente fortuito, em todo caso extra-musical, e externo a mim mesmo. É a semelhança que existe entre a paisagem provençal que me é familiar desde a infância, e a paisagem palestina que descobri durante uma viagem recente que acabo de fazer a Israel, a primeira viagem que fiz para lá, estada que me deixa recordações maravilhosas, quer sejam musicais ou outras...

C. R. – *Se você trouxe uma recordação tão bela da Palestina, é que, sem dúvida, encontrou lá a mesma harmonia mediterrânea que há em sua Provença natal...*

D. M. – Sim, talvez. Mas não encontrei somente um ambiente mediterrâneo que me é caro e que minha Provença oferece. Fiz também descobertas. Constatei aí coisas que, se não digo que me espantaram, ao menos não eram esperadas. E, talvez seja isto que me tenha dado mais alegria. Assim, o que tocou profundamente, eu que sou muito religioso, é a permanência e a solidez das bases espirituais sobre as quais se edifica a nação israelita.

C. R. – *Mas não é um país com religião de Estado?*

D. M. – Não, absolutamente! Tem minorias cristãs (anglicanas, ortodoxas etc.) que possuem os mesmos direitos de cidadania. Bem entendido, o governo e a maioria dos nacionais são de religião israelita. Há inclusive nuanças muito curiosas. A maioria do governo corresponde um pouco, no plano político, à cor dos trabalhistas ingleses. Mas esta maioria tem, no entanto, necessidade do apoio de um grupo muito restrito – que não representa talvez mais de 10% –, um grupo de ortodoxos, ou seja, israelitas estritos, com tendências rigorosas no plano religioso. E esta pequena fração ortodoxa conseguiu impor a este país moderno a mais rigorosa observância das prescrições religiosas. Com relação ao *sabat*, por exemplo, a vida pára completamente da sexta-feira à noite até o sábado à noite; e, durante este tempo, muito poucos motoristas de táxi, mesmo sendo cristãos, se arriscariam a rodar. Bem, este pequeno detalhe material indica a solidez das bases de espiritualidade em que se edifica o Estado novo, a sociedade nova. É justamente o fato da permanência de tal pilar das tradições religiosas, das bases espirituais, que é belo. Pelo menos foi isto que me impressionou e tocou em Israel.

E, ainda mais, é verdadeiramente *a Terra Santa* que os emigrados de cinqüenta e dois países vieram desbravar: cada sítio está marcado com lembranças da Bíblia, da História santa, lembrança que toca tanto o cristão quanto o judeu. Há um número considerável de casas de orações, de conventos, de comunidades religiosas, tantas igrejas católicas quanto templos anglicanos e sinagogas. É, realmente, muito surpreendente, muito bonito de se constatar a que ponto esta terra está saturada de espírito religioso.

C. R. – *Mas a velha Jerusalém, o túmulo de Davi...?*

D. M. – Exatamente, aí está a grande melancolia; a velha Jerusalém, o templo, tudo isto se encontra atrás dos arames farpados, nas mãos dos árabes. Além disso, você sabe, o ambiente é muito curioso, por causa desta vizinhança com os árabes. As fronteiras entre a terra israelense e a terra árabe são muito recortadas, muito complicadas, o que é suscetível de provocar continuamente incidentes. É, também, muito comum ver um trabalhador israelense puxar sua carroça com o fuzil à tiracolo. Há algo de bastante patético, e que reflete bem a vontade feroz dos israelenses em construir seu país, sua nação, em fazer prosperar uma terra que amam e à qual se unem.

Mas para dar um outro exemplo deste espírito de religiosidade que reina no povo, citaria o caso dos Iemenitas que constituem um bloco muito importante. Eles vivem baseados em suas crenças e seus ritos datados de 2.500 anos; esperavam no Iemem, de acordo com as Escrituras, que os anjos do Senhor viessem libertá-los; ora, você sabe o que foi a libertação em Israel; bem, os 50.000 iemenitas crêem que os aviadores que os levaram para a Terra Santa são os anjos do Senhor... (sua volta foi negociada pelos governos de Israel e do Iemem).

C. R. – *Isto é muito bonito, na verdade, e muito surpreendente no mundo realista e bastante materialista que hoje vivemos. Mas esta viagem que você acaba de fazer, não era essencialmente turística? Você foi, penso, convidado pelo governo que queria fazer uma encomenda...?*

D. M. – Veja exatamente de que se trata: você sabe que em 1953, vamos comemorar o 3.000° aniversário de Davi e da fundação de Jerusalém. E, entre outras solenidades, o Estado de Israel quer organizar nesta ocasião um festival de música para o qual vai encomendar a um compositor uma grande obra comemorativa. Isto estará aos cuidados de uma organização cultural cuja base será o "palácio da Nação", atualmente em construção.

C. R. – *Foi feita a encomenda para você?...*

D. M. – Sim. Há vários meses, a fundação Koussevitzki dos Estados Unidos propusera meu nome. O princípio da coisa havia sido aceito por Israel. E o objetivo da viagem era estabelecer contato. Para mim, era, antes de tudo, a ocasião de ver este país que não conhecia, de me documentar para a futura obra, e também para recensear as possibilidades musicais de que poderia dispor. E para o comitê organizador do festival, era a ocasião de assegurar as condições de autenticidade que poderia oferecer para a composição desta obra que seria uma grande ópera, *Davi*. Digo *assegurar*, pois desde que se projetou lá um filme de Hollywood sobre Betsabá, os israelenses ficaram muito céticos em relação ao que se faz no Ocidente com a história religiosa...! Meu libretista e eu pudemos, então, acalmar-lhes com relação à seriedade do empreendimento.

C. R. – *E quem é, exatamente, seu libretista?*

D. M. – É Lunel, Armand Lunel, com quem já colaborei muitas vezes, que é um amigo fiel de quem gosto, com quem o trabalho é fácil e agradável, e principalmente, o que era muito importante em razão do que acabo de dizer, que conhece profundamente as questões bíblicas. Por sua grande cultura religiosa, Lunel pôde dar aos meios ortodoxos todas as garantias referentes ao respeito da obra face às tradições talmúdicas e bíblicas.

C. R. – *No que se refere à sua documentação, você pôde, então, ver os sítios em que se desenrolaram os fatos históricos que você traria para o palco. Mas sob o ponto de vista musical, você encontrou em Israel os recursos que são necessários a uma obra da envergadura do seu Davi?*

D. M. – Sim, a vida musical em Israel é extremamente rica e ativa. Imagine que para uma cidade de importância bastante modesta como a capital, existe uma Sociedade de Concertos Filarmônicos que comporta cerca de 7.000 assinantes. E aproximadamente 3.000 comparecem em cada concerto. Há sempre a exigência de reapresentar os concertos.

A orquestra de Concertos Filarmônicos é excelente, assim como a de Ópera. Quanto aos cantores, era o ponto que mais me inquietava...

C. R. – *De qualquer maneira você poderia trazer do estrangeiro na ocasião da criação de sua ópera...*

D. M. – Não, era exatamente isto que queria evitar, por uma razão essencial: *Davi* será concebida lá em hebraico, que é a língua nacional. E não conseguia ver um cantor italiano, francês ou alemão estudando seu papel nesta língua desconhecida e difícil. Fui, então, feliz por encontrar no local todos os elementos necessários.

C. R. – *Mas eu imagino – espero – que a obra não será reservada exclusivamente para Israel, que ela será exportada...?*

D. M. – Também espero. É por isso que vamos proceder da seguinte maneira. Vamos escrever o texto em uma versão dupla, francês e inglês. E lá, ele será traduzido para o hebraico para o festival.

C. R. – *E qual é a sua proposta de tratamento deste tema? Imagino uma coisa muito diferente do oratório dramático de Honegger,* O Rei Davi*?*

D. M. – Claro. Primeiramente é uma ópera e não um oratório. Mas uma ópera com uma fisionomia um pouco particular.

C. R. – *No que diz respeito ao recorte do quadro histórico, você escolheu um episódio específico da vida de Davi...?*

D. M. – Não, pegamos toda sua vida. Sua vida que pode ser considerada uma epopéia. Não há palavra melhor para designar a surpreendente carreira deste gênio que foi um dos mais completos que se pode encontrar na história: homem de Estado, homem de guerra, poeta, compositor, cantor, dançarino...

C. R. – *Vão então pegar Davi desde a infância...?*

D. M. – Vamos localizar nossa ação entre dois grandes acontecimentos solenes, duas sagrações. Primeiramente, a sagração do jovem pastor por Samuel, este jovem pastor que luta para defender seus rebanhos; em seguida, a sagração de Salomão por Davi antes de morrer; Davi que lutou, para unificar e defender seu povo.

C. R. – *Há, entre Davi pastor e Davi rei, um paralelismo que vocês vão, sem dúvida, explorar...?*

D. M. – Naturalmente. Mas iremos mais longe. Exploraremos um outro paralelismo, o que vai permitir dar à obra a fisionomia um pouco particular que assinalo.

Na verdade, Lunel e eu observamos durante nossa viagem uma coisa que muito nos tocou. Em cada um dos sítios históricos e sagrados que nos fizeram conhecer, nossos guias falaram de acontecimentos lá ocorridos, mas quase sempre ligavam cada um desses lugares a um episódio histórico da recente guerra de libertação. Vamos procurar, então, confrontar estas duas idéias: a história antiga, Davi unificador, reunidor dos povos, e a história moderna, o reconhecimento de uma nação depois de sua libertação.

C. R. – *Isto me parece difícil esclarecer sob o ponto de vista da técnica dramática...*

D. M. – Nem tanto. Veja como vamos proceder. Haverá dois coros. Um coro pequeno que será o dos israelitas e dos filisteus etc., conseqüentemente coro *participante* da ação propriamente dita de *Davi*; depois um outro coro, ao lado, um grande coro *comentando* a ação antiga, como o

149

coro da tragédia antiga, e que será o coro dos israelenses de hoje. E de acordo com os episódios, sublinhará este paralelismo ao explicar: "Conosco também, neste local, em tal circunstância, produziu-se um fato heróico que contribuiu para nossa Libertação..." E garanto – não temos tempo de entrar em detalhes –, que houve muitos fatos heróicos significativos para este pequeno povo que luta com os meios da sorte contra um inimigo numeroso e bem equipado.

C. R. – *E, apesar deste sentido atual que vocês querem dar à sua ópera, você espera utilizar nela elementos musicais dos antigos rituais judaicos?...*

D. M. – Não, de forma alguma. Escreverei uma música inteiramente original.

Décimo Oitavo Encontro
AMANHÃ...

Claude Rostand – *Estamos hoje em nosso último encontro. Vou, então, colocar-lhe a questão sacramental: para onde vamos? Para onde vai a música? Quais perspectivas de futuro você entrevê?*

É costume, em nossos dias, ser pessimista, dizer: "Tudo já foi dito de todas as formas! Então, o que fazer?"

Darius Milhaud – Interrompo-o já para dizer que não compartilho, de forma nenhuma, deste pessimismo; por uma primeira e excelente razão, é que nada permite um sentimento de tal derrotismo. E por uma segunda razão, que me parece absolutamente indiscutível, é que este pessimismo permeia todas as épocas em todos os tempos.

Quer um exemplo bem recente e que tem valor dada a notável inteligência do músico em questão? Você se lembra da fala de Paul Dukas, em seu curso de composição, dizendo mais ou menos (cito de memória) que com Ravel atingimos o auge do refinamento, com Stravinski o auge da audácia e que parecia difícil ir mais longe. Foi em 1929 que ele disse isso. Bem, apesar de tudo, continuamos. Houve novas audácias e novos refinamentos. E desta maneira, em todas as épocas! Poderíamos multiplicar os exemplos...

C. R. – *Certamente. Aliás, Paul Dukas não podia imaginar que no momento em que dizia isto, havia em sua classe um aluno que iria ampliar os limites do refinamento sonoro, Olivier Messiaen!*

No fundo – e não digo isso a propósito da fala que acaba de citar de Paul Dukas, respeito-o e admiro-o muito por isso –, não acho que este pessimismo seja verdadeiro. Não seria mais um tipo de pretensão, de fatuidade, de orgulho louco? Será que todos os que se lamentam não se tomam por um Cristóvão Colombo sem brilho? O fato é que eles nem mesmo descobriram o truque do ovo.

Imaginamos sempre estar nos limites de um mundo, e no que se refere à nossa conversa, no limite do mundo sonoro...

D. M. – ... E percebemos, oito dias depois, que ainda havia novas terras a serem descobertas, a serem desbravadas, exploradas. Observe, se tem boa memória, que Cristóvão Colombo se enganou, já que pensava ter aportado nas Índias! Mas enfim, procurou, empreendeu e realizou, e seu erro não foi completamento inútil...

Isto posto, retornando à nossa música, acho que posso proclamar, sem pretender fazer nenhuma predição, que não compartilho deste pessimismo. D'Indy dizia: "A evolução da música depende do capricho do próximo gênio musical". Bem, eis uma declaração que subscrevo com confiança!

C. R. – *Evidentemente, é a única predição que podemos fazer com sabedoria. Você subscreve a fala de D'Indy, porque você não é pretencioso, nem presunçoso, nem possuído por um orgulho louco; porque se ficar em sua geração – o que é uma outra marca de sabedoria – isto não lhe impede de compreender a renovação das épocas sucessivas, e conviver sabiamente com estas épocas. Nisto, você é, talvez, um dos melhores herdeiros de Satie, de seu senso de liberdade, de novidade, de invenção... Pararia aqui para não desgostar sua modéstia, esta virtude que pratica ativamente, o que, afirmarei hoje, não facilitou meu trabalho ao longo destas conversas.*

Sendo assim, você não acha que tudo acabou para a música. Fale, então, de seu otimismo para terminar.

D. M. – Mas naturalmente. Sou muito otimista. Por que sempre acreditar que tudo acabou? Tudo sempre foi catastrófico e isto nunca impediu de continuar! Pode ser que mudemos de cenário, certamente! Mas isto não quer dizer que a peça terminou!

E, depois, também é preciso contar com altos e baixos. Qual a história musical de um país que não conheceu flutuações? Em um determinado país, não há sempre o gênio da atualidade. Aliás, uma nação não se ocupa sempre exclusivamente da música. Felizmente!... Veja o período napoleônico: não se pode dizer que se fez – pelo menos na França – muita música, música digna de assim ser chamada. Mas depois, teve Berlioz, único sem dúvida em seu tempo, mas seria suficiente por um século. E, logo em seguida, houve os grandes anos de ouro da música francesa, de Gounod e Bizet a Fauré, Debussy e Satie! E no mundo inteiro, sempre foi assim. E ainda, neste campo, nós, franceses, não estamos malservidos, longe disto!

Repito, parece-me inútil desesperar.

C. R. – *Você chove no molhado. Mas, exatamente, neste caso, não lhe parece que esta multiplicação dos meios de expressão, do qual falávamos no outro dia, não deveria ser um motivo justo para se ter esperança? Sobre isto, há uma última questão que gostaria de fazer. O que você pensa sobre uma renovação possível do material sonoro? Instrumentos elétricos por exemplo, e, em particular,* Música Concreta, *esta "música" que nos propõe precisamente um material sonoro inteira e singularmente inédito? E antes de tudo, você acha que podemos nomeá-la música?*

D. M. – Por que não? Tudo depende da pessoa que dela fizer uso. Se é um músico de grande talento, ele também se expressará com o concreto! Se é um músico de personalidade, não seria mais interessante do que se se expressasse como Théodore Dubois!

Pessoalmente, conheço mal as possibilidades desta música concreta. Talvez esteja muito velho... Mas gostaria de acompanhar a evolução e conhecer alguns exemplos. Além disso, o fato de que alguns músicos, como Messiaen ou Boules, tenham aprofundado a questão já é para mim uma garantia.

C. R.– *Mas volto ao que disse há pouco: "É inútil desesperar". Você falou uma palavra muito séria:* desesperar. *Isto poderia levar a crer que você admite efetivamente que a música, trate-se da França ou de outro lugar qualquer, atravessa uma crise – como a que você a pouco evocou, a da época napoleônica –, crise que poderia suscitar uma razão plausível para a desesperança naqueles que não têm, como você, uma confiança inquebrantável.*

D. M. – É por isso também que disse que este desespero me parecia inútil.

Certamente não vemos surgir, entre nós, um Mozart ou um Debussy. Mas isto não quer dizer nada. Como observávamos há um instante, os meios de expressão atualmente são tão ricos, tão variados, que isto só pode ajudar o nascimento de um novo gênio. E sempre penso em Satie que dava tanto crédito à juventude, um crédito ilimitado.

Sei que são tempos difíceis, que os jovens têm que lutar muitíssimo para viver mal, mas sei que têm o desejo de escrever atrelada à alma. Sim, estão no limiar de uma carreira terrível. Os problemas que surgem podem parecer sem resposta: dificuldade de ser executado, dificuldade de ser editado. Mas têm fé e seria criminoso desencorajá-los.

De resto, seria, felizmente, inútil! A juventude trabalha com amor, e o que é feito com amor acaba sempre por se impor cedo ou tarde. Apesar de tudo, Coragem!

MÚSICA NA PERSPECTIVA

Balanço da Bossa e Outras Bossas
 Augusto de Campos (D003)

A Música Hoje
 Pierre Boulez (D055)

O Jazz do Rag ao Rock
 J. E. Berendt (D109)

Conversas com Igor Stravinski
 Robert Craft (D176)

Poesia e Música
 Antônio Manuel e outros (D195)

A Música Hoje 2
 Pierre Boulez (D224)

Jazz ao Vivo
 Carlos Calado (D227)

O Jazz como Espetáculo
 Carlos Calado (D236)

Artigos Musicais
 Livio Tragtenberg (D239)

Caymmi: Uma Utopia de Lugar
 Antonio Risério (D253)

Indústria Cultural: A Agonia de um Conceito
 Paulo Puterman (D264)

Darius Milhaud: Em Pauta
 Claude Rostand (D268)

Filosofia da Nova Música
 T. Adorno (E026)

Para Compreender as Músicas de Hoje
 H. Barraud (SM01)

Beethoven – Proprietário de um Cérebro
 Willy Corrêa de Oliveira (SM02)

Schoenberg
 René Leibowitz (SM03)

Apontamentos de Aprendiz
 Pierre Boulez (SM04)

Rítmica
 José Eduardo Gramani (LSC)

Impresso nas oficinas da
Gráfica Palas Athena